T0283227

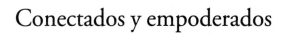

Conectados y empoderados

Conectados y empoderados

¿La tecnología como aliada educativa?

Eva Bailén

Plataforma
Editorial

Primera edición en esta colección: marzo de 2024

© Eva Bailén, 2024
© de la presente edición: Plataforma Editorial, 2024

Plataforma Editorial
c/ Muntaner, 269, entlo. 1.ª – 08021 Barcelona
Tel.: (+34) 93 494 79 99
www.plataformaeditorial.com
info@plataformaeditorial.com

Depósito legal: B 2855-2024
ISBN: 978-84-10079-28-1
IBIC: JN

Printed in Spain – Impreso en España

Diseño y realización de cubierta:
Grafime, S.L.

Fotocomposición:
gama, sl

El papel que se ha utilizado para imprimir este libro proviene
de explotaciones forestales controladas, donde se respetan
los valores ecológicos y sociales, y el desarrollo sostenible del bosque.

Impresión:
Romanyà Valls
Capellades (Barcelona)

A mis hijos, quienes me enseñaron que el verdadero
aprendizaje trasciende las paredes del aula y cuya curiosidad
sin límites por las nuevas tecnologías me llevaron
a interesarme y escribir sobre ellas para compartir
lo aprendido.
A mis padres, pilares fundamentales de mi vida. A mi
madre, por ser el ejemplo viviente de que nunca es tarde
para adaptarse y abrazar las nuevas tecnologías,
mostrándome con su ejemplo diario la importancia de
evolucionar y aprender sin importar la edad. Su capacidad
para conectar a través de WhatsApp, navegar en Facebook,
y más allá, es un testimonio de su gran espíritu y curiosidad.
A mi padre, que, aunque ya no está físicamente con
nosotros, sigue muy presente en nuestras vidas.
A mi marido, mi roca y mayor apoyo. Su fuerza, dedicación
y la inquebrantable fe que tiene en mí son el motor detrás de
mis sueños y proyectos. Su apoyo incondicional me ha
permitido explorar, crear y compartir este libro con el
mundo. Gracias por estar a mi lado, en cada paso, cada
desafío y cada éxito.
A cada estudiante, padre, madre, educador y soñador que
cree en el poder transformador de la educación. Deseo que
este libro sea una brújula en el vasto océano digital, guiando
hacia puertos seguros de conocimiento.
A todos ellos, que navegan entre bits con más o menos
certeza, dedico este viaje hacia el empoderamiento digital.

Índice

Introducción

Hace unas semanas llevé a la modista unas prendas de ropa para arreglar. Nos conocemos desde hace años y cuando me preguntó por mis hijos y empezamos a hablar del difícil rol de los padres de hoy surgió el tema de la sobreprotección. Siempre ha sido un tema que me ha preocupado, de hecho, en 2017 publiqué un artículo en el blog de mamás y de papás de *El País* que se titulaba «Antes muerta que ser una madre helicóptero» y que trataba precisamente sobre eso. Pues bien, como conclusión de esa conversación, me llevé para casa una reflexión de la modista: «El mundo es más complejo ahora, la vida se ha complicado mucho y las cosas son más difíciles hoy para los chavales de lo que eran antes».

Me pareció una afirmación sencilla y convincente para explicar que los padres a veces se excedan en su preocupación y sobreprotejan a sus hijos. Es innegable que la sociedad ha cambiado más en los últimos veinte años que en los cincuenta anteriores. Y ser niño, adolescente, padre, madre o profesor es hoy más difícil de lo que fue para las generaciones pasadas. Nos ha tocado un salto generacional tremendo. Los modelos con los que nos hemos educado y las normas y límites que nos impusieron nuestros padres y abuelos se vislumbran difíciles de trasladar a **una generación que ha nacido con un móvil debajo del brazo**. Nos ha tocado transformarnos digitalmente. Al igual que muchas empresas están inmersas en la transformación digital, padres y profesores también debemos abordar un cambio profundo en nuestro rol como educadores.

En enero de 2014 comencé a escribir sobre educación y tecnología en mi blog, al que bauticé con el título de «todoeldiaconectados.com», pues tenía la intención de aprender y compartir mis aprendizajes con el resto del mundo. Casi una década después seguimos necesitando aprender y mejorar nuestros conocimientos sobre el mundo digital para educar a esta generación también digital. Puesto que a nosotros nos educaron en analógico, tenemos un reto significativo e importante que abordar, pero si mi madre ha sido capaz de aprender a usar un móvil, WhatsApp y Facebook, nosotros debemos ser capaces de mucho más.

Este libro es una guía que espero aporte herramientas a los lectores para sentirse más cómodos y capacitados en su vida digital. Herramientas para sentirse preparados y poder hablar con las nuevas generaciones de lo que ocurre detrás de las pantallas. Según el Instituto Nacional de Estadística más del 85 % de los niños de diez años usa el ordenador, casi un 90 % utiliza internet y un 45 % el teléfono móvil. A los quince años estas cifras alcanzan el 100 %. Algunos padres toman como estrategia educativa retrasar al máximo la edad de adquisición del primer móvil para sus hijos, y aunque es indudable que evitará muchos problemas, también lo es que a los quince años un niño escucha menos a un adulto que como lo haría a los diez años. **La evitación y la prohibición no son siempre las mejores medidas cuando se trata de educar**, y en lo que a la tecnología se refiere, que los adultos seamos capaces de acompañar a los niños puede ser muy relevante para conseguir una educación digital exitosa. *Conectados y empoderados* se estructura en **diez capítulos**. **El primero** arranca de algún modo justificando la necesidad de alfabetizarse digitalmente, y en el **capítulo 2** ya entramos en materia con unas nociones básicas de ciberseguridad, para que conozcamos los peligros a los que nos podemos enfrentar al usar nuestros teléfonos inteligentes y otros dispositivos conectados y sepamos minimizar los riesgos asociados. En el **tercer capítulo** vamos a adentrarnos en uno de los temas que más preocupan a padres y educadores: el uso que los menores hacen de la tecnología, qué hay más allá de las pantallas de las que no se separan y qué ocurre en sus vidas *online*.

Los primeros tres capítulos sirven de introducción a la problemática y por ello pueden parecer un tanto alarmistas, pero dado que el objetivo de esta guía no es generar alarma ni que el lector entienda la tecnología como una amenaza, en los siguientes siete capítulos trataremos de dar herramientas, pautas y recursos que nos permitan abordar nuestra transformación digital con optimismo e interés, para que identifiquemos también las oportunidades que lo digital y el mundo *online* nos brindan.

En el **capítulo 4** hablaremos de algo fundamental: las normas y los límites que debemos aplicar, empezando por nosotros mismos, al uso de las pantallas. No podemos dejar que nuestra vida *online* sustituya ni sea más importante que la vida *offline*. Las relaciones con nuestros amigos y seres queridos deben seguir teniendo más protagonismo y relevancia en la vida real que en redes sociales. Es importante desconectar, respetar tiempos y espacios y sobre todo a las personas que queremos para que nuestra vida real siga siendo la protagonista.

Una de las mayores novedades que trajeron los *smartphones* y su enorme penetración fue la extensión de las redes sociales. Hay una gran variedad de ellas con propósitos muy diferentes y normas de uso propias. No todo vale o no debería valer. En el **capítulo 5** aprenderemos a saber estar en las redes sociales, a configurar sus ajustes de seguridad, a utilizarlas e interpretar lo que ocurre en ellas, lo cual es parte del propósito del **capítulo 6**. El sentido crítico es determinante para no dar por buena información falsa y no contribuir a la difusión de bulos. También la resiliencia es crucial para que sepamos sobreponernos a las emociones negativas, evitar tentaciones y no dejar escrito nada que no diríamos a una persona a la cara.

En el **capítulo 7** trataremos por fin de disfrutar sin miedo de la tecnología. Existen multitud de herramientas que nos permiten conectarnos con otras personas, contribuir socialmente, desatar nuestra creatividad, aprender y estar al día de nuestros principales intereses. Y como la revolución digital no cesa, es importante que sigamos actualizados, que sepamos lo que acaba de llegar o lo que llegará en breve, para que no nos pille desprevenidos. El **capítulo 8** será una introducción a esas nuevas tecnologías que llegarán o ya han llegado, pero aún no se han popularizado o tienen todavía mucho margen de crecimiento.

Si hay algo que está cambiando enormemente gracias a las últimas innovaciones digitales es la educación. La competencia digital de alumnos y profesores se pone a prueba cada día y se critica duramente el anacronismo de las aulas con viñetas que comparan los colegios actuales con los de cien años atrás para remarcar lo poco que han cambiado. El sector educativo está cambiando como lo hace todo lo demás, tal vez le haya costado un poco más, pero el cambio es ya imparable. Todo esto lo trataremos en el **capítulo 9**.

Finalmente, el capítulo final, el **décimo**, tratará sobre las habilidades que se requieren para ser un educador digital responsable.

1.
El *smartphone*: una herramienta para la vida

¿Cuántas cosas dejaríamos de poder hacer si de repente desapareciera nuestro teléfono móvil inteligente? Y es que parece increíble que un dispositivo tan pequeño agrupe tantas funcionalidades. Lo usamos constantemente; personalmente, yo no podría salir de casa sin él. Antes se me olvidaba a veces cuando tenía que ir en coche a algún sitio y no me daba cuenta de que no lo tenía hasta que llegaba a mi destino. Y mucho antes, cuando aún no existían los manos libres via Bluetooth, directamente lo apagaba mientras conducía para evitar accidentes. Pero ahora, lo primero que hago cuando cojo el coche es arrancar la aplicación correspondiente y poner la dirección de mi destino, aunque vaya a la oficina, a la que sé ir perfectamente sin mapas. Lo uso por si acaso hubiera un accidente en la carretera, un atasco o unas obras que retrasasen mi llegada; así puedo cambiar de ruta o decidir viajar en otro momento cuando el tráfico esté mejor, y también lo utilizo para escuchar música en el trayecto. Si lo he olvidado en casa, antes de subirme al coche regreso enseguida a buscarlo, y es que no puedo salir sin él. Por supuesto, no solo es por el GPS y la radio, es que es una herramienta de trabajo importantísima para mí y para muchas más personas.

Cuando los móviles servían para hacer llamadas

Los teléfonos móviles han incorporado tantas utilidades que ya se nos olvida que la función original de un teléfono móvil era realizar llamadas. Durante casi diez años trabajé en el laboratorio de pruebas de móviles de un operador de telefonía móvil en Madrid. Tenía la suerte de poder probar muchos dispositivos y de usarlos a mi antojo. La música de fondo de mi oficina eran los tonos de llamada, aunque no hacía falta trabajar rodeado de móviles para oír melodías de teléfonos por todas partes. Cuando aparecieron los primeros terminales en los años noventa escuchar el tono de un teléfono en cualquier lugar era muy habitual. Nos aprendimos de memoria las melodías y éramos capaces de reconocer los teléfonos de las marcas más populares en aquellos años solo con oírlos. Sin embargo, ¿podríamos decir lo mismo hoy en día?, ¿alguien reconoce el tono de los dispositivos más vendidos?

No solo han surgido nuevas marcas y modelos, sino que también se ha producido un curioso fenómeno. **La generación Z**, los nacidos entre finales de los noventa y principios de los dosmil, **no usan apenas sus *smartphones* para realizar**

llamadas y por eso se les ha denominado también generación «mute». Tienen entre quince y veinticinco años y en muchos casos son silenciosos. Chatean o envían audios, pero mantienen sus móviles en silencio, solo se les oye vibrar y, a veces, ni eso, porque emparejan sus móviles a un reloj de pulsera, y es el reloj el que les avisa con una vibración inaudible, solo perceptible en su muñeca. Tengo que reconocer que yo misma uso uno de esos relojes o «wearables», que es como se les denomina, y soy un poco «mute». Ya confío tanto en mi reloj que cuando se le agota la batería o se desconecta del teléfono por la razón que sea no me entero de que me entran nuevos mensajes o llamadas.

Tengo una anécdota graciosa que me ocurrió hace años cuando cogí el teléfono móvil de uno de mis hijos e intenté hacer una llamada, ya que le acababa de poner una SIM de contrato en un teléfono heredado. Debido a mi trabajo en aquella época es fácil imaginar que en mi casa no faltaban las tabletas ni los teléfonos móviles, así que antes de tener una SIM mis hijos tuvieron un teléfono que solo podían usar conectado a una red wifi. Prácticamente lo usaban solo en casa, como una tableta, pero existe una diferencia básica entre ellos: el teléfono tiene la posibilidad de hacer llamadas de voz, cosa que la mayoría de las tabletas no hacen. Son dispositivos que habitualmente solo usan datos, es decir, se conectan a una red que les proporcione acceso a internet, puede ser la red del operador de telefonía móvil o la red wifi de casa o de cualquier otro lugar, pero no ofrecen las funciones clásicas de llamadas de voz, así que cuando le pusimos la

SIM a su teléfono, el cual acostumbraba a usar como un dispositivo meramente de datos, ¿alguien sabe qué ocurrió cuando intenté hacer una llamada con él? Mi hijo había borrado el icono del marcador del teléfono. No encontraba por ninguna parte cómo teclear los números que quería marcar. Así que los chicos de la generación «mute» que hoy son adolescentes cuando eran preadolescentes ya pensaban que era inútil realizar llamadas.

El aparato de comunicación de mayor implantación en el mundo

Según el portal de estadísticas Statista, **en 2022 el número de usuarios de *smartphones* en el mundo era de 6.648 millones.** Traducido a porcentajes, esto equivale a que el 83,40 % de la población mundial posee un *smartphone*. En los últimos seis años la cifra ha aumentado considerablemente, pues en 2016 había «solo» 3.668 millones de usuarios, el 49,40 % de la población mundial. Esto nos da una idea del ritmo de crecimiento. La previsión es que en 2024, según datos de bankmycell.com, se supere la cifra de 7.000 millones. El *smartphone* se ha convertido en una herramienta de gran ayuda, de ahí el éxito reflejado en las cifras anteriores, y, para aprovecharlo al máximo, hay que ser consciente de cuánto nos puede ayudar, pero también de lo que tenemos que hacer para garantizar que nuestra información está segura o que podemos responder rápidamente en caso de cualquier contingencia, como, por ejemplo, si se extravía.

El peligro de tener todo en el móvil

Con el paso de los años se han ido incorporando a los *smartphones* cada vez más herramientas y funcionalidades. Tal ha sido el proceso que actualmente perder el móvil sería como perder la mochila con la cartera, los billetes de avión del próximo viaje de trabajo o de ocio, la lista de la compra, facturas, la cámara fotográfica, las mejores instantáneas y otros recuerdos, como cartas con mucha información personal que a día de hoy, sustituyendo la antigua correspondencia, es compartida en redes sociales, alguna con valor sentimental o que incluso nos puede comprometer, la agenda con todos los contactos y las citas pendientes, el controlador de la alarma de casa, tarjetas bancarias, discos de música y seguro que muchísimas cosas más.

Y si además es el móvil que utilizamos para trabajar, perder un *smartphone* al que hemos conectado los servicios en la nube de la cuenta de trabajo es, a efectos de datos e información, como perder un disco duro lleno de documentos. **Conocer qué tenemos en nuestras manos y tomar plena conciencia de todo lo que reside en su interior me parece un paso fundamental para arrancar nuestro proceso de alfabetización digital.**

Internet de las cosas

En los últimos años, internet ha llegado ya no solo a nuestro teléfono móvil, convirtiéndolo en un dispositivo inteligente, sino también a otros objetos de nuestros hogares y nuestra vida cotidiana que usan *apps* en los móviles para que podamos controlarlos. Los *smartphones* han facilitado que esto sea posible, son como un gran mando a distancia que nos permite manejarlo todo: las luces, los termostatos, la alarma de la puerta principal, las persianas, los altavoces o las plataformas de contenidos audiovisuales de casa, e incluso el coche eléctrico.

Tal vez una de las cosas más curiosas de la irrupción de la tecnología en los hogares sea el hecho de que convivimos con una enorme cantidad de dispositivos conectados a la red y apenas nos sorprende. Manejarlos nos parece tan cotidiano como utilizar cualquier electrodoméstico tradicional de nuestro hogar. Desde el televisor hasta cualquier lámpara o enchufe pueden estar hoy conectados al wifi de casa; en realidad, **casi cualquier cosa puede estar conectada a internet: es lo que se conoce como «el internet de las cosas»** (*Internet of Things*, IoT, en inglés). Sin embargo, así como los problemas de seguridad de cualquier electrodoméstico antes no suponían más que algún riesgo eléctrico, hoy una brecha de seguridad en cualquier dispositivo conectado puede ser una puerta de entrada para ciberdelincuentes. En el mundo hay más dispositivos conectados que personas. En el tercer trimestre de 2022, según los datos en tiempo real de GSMA Intelligence, había casi 11.000 millones de conexiones móviles en nuestro planeta. Con estas cifras, es fácil entender que el internet de las cosas es algo imparable. Pero también pone de manifiesto **la importancia de tener una mínima concienciación de los peligros y poseer nociones tecnológicas.**

La pandemia de coronavirus, la guerra de Ucrania y el cambio climático han introducido la necesidad de protegernos, adaptarnos a las nuevas situaciones y cuidar del planeta, además de que estos acontecimientos históricos han acelerado la transformación digital de la educación, la adopción de energías renovables y la transición hacia vehículos eléctricos, por poner algunos ejemplos. Y en todos estos casos existen *apps* que nos permiten ser más eficientes, optimizar el consumo eléctrico o gestionar un vehículo de manera eficaz. Si bien antes de que todo eso ocurriera uno podía mantenerse relativamente al margen de la tecnología, creo que cada vez va a ser más difícil vivir siendo un analfabeto digital. **El teletrabajo y la educación *online* son dos escenarios claros que nos pueden afectar a muchos de nosotros y que requieren habilidades digitales.** Situaciones que no podemos eludir.

Otras podemos evitarlas, pero realmente sacaremos más provecho y seremos más eficientes si no nos oponemos. La tecnología nos ayuda si somos capaces de utilizarla como una herramienta. Los *smartphones* se han convertido en algo casi imprescindible, y por eso usarlos correctamente es cada vez más importante. **Mantenerse al margen solo puede ser**

una opción para un adulto con la vida resuelta o sin responsabilidades educativas, aunque le dificultaría subirse al carro de la sostenibilidad o la transición energética, por poner un ejemplo. Pero, si tienes hijos o alumnos a los que educar, permanecer ignorante de esta gran parte de sus vidas puede ser una irresponsabilidad muy grande. Nos ha tocado vivir en una época fascinante, y por tal motivo **podemos pensar en la tecnología como en una amenaza o como en una oportunidad para conectar con la siguiente generación y educar responsablemente a los niños y jóvenes que nos rodean.** Ese es precisamente el objetivo de este libro: comprender la oportunidad que nos brinda la tecnología y aprovecharla.

Las generaciones de la segunda mitad del siglo xx y principios del xxi

Desde que en la década de los cincuenta del siglo pasado, el fotoperiodista y reportero de guerra Robert Capa utilizara el término «generación X» para llamar así a los jóvenes nacidos tras la Segunda Guerra Mundial, se ha continuado dando nombres a las diferentes generaciones. Así, tras los *baby boomers*, nacidos antes de los años sesenta, se sitúa la generación X, que engloba a las personas nacidas entre 1961 y 1979 o 1985, según qué fuente se consulte. A continuación, se ubica la «generación Y», también conocida como *millennials*. Son los nacidos desde los años ochenta hasta un poco antes de la entrada del nuevo milenio. Podría decirse que los padres de los niños y jóvenes de hoy pertenecen a estas dos generaciones, X e Y.

Posteriormente, se ubica la **«generación Z» o** *centennials*. Son los nacidos desde finales de los años noventa hasta mediados de la primera década de 2000. **Son la primera generación que en su mayoría ha utilizado internet desde edades tempranas y se sienten como pez en el agua usando las redes sociales y la tecnología.** El escritor Marc Prensky los llamó «nativos digitales», convirtiéndonos a los demás en «inmigrantes digitales». Pero, por el contrario, que se sientan como pez en el agua no los convierte de por sí en expertos en todo lo que tenga que ver con lo digital, de ahí la gran crítica al término «nativos digitales». Nosotros, los adultos de hoy, marcados por haber nacido en esas generaciones X e Y, también podemos aportar mucho a su educación digital. Es más, no solo podemos, sino que debemos, porque la vida de los niños está repartida entre el mundo real y el mundo digital, y si no entramos en ese otro mundo estaremos solo educando a medias.

Hace unos días estaba charlando con una estudiante de Boston que hemos acogido en nuestra casa mientras realiza un intercambio con la Universidad Autónoma de Madrid. Es una *centennial* nacida a principios de este siglo y criticaba abiertamente el que la consideren «nativa digital». Me explicó que, a diferencia de sus padres, que sí saben resolver los problemas técnicos que puedan tener con el ordenador, ella no sabe todo esto porque nadie se lo ha enseñado, tal vez por haber dado por hecho que como nativa digital que es ya lo sabe todo. No cometamos ese error, está claro que NO lo saben todo.

Aplicaciones móviles para todo lo que imagines

Los *smartphones* han traído multitud de aplicaciones nuevas, ya que internet ha propiciado su aparición y crecimiento. La tecnología está en todas partes. Si pensamos en cualquier actividad cotidiana, desde cocinar hasta dar un paseo, actividades *a priori* totalmente alejadas de la tecnología, podemos reconocer rápidamente cómo lo digital hace que sean más agradables, sencillas o placenteras. A la hora de cocinar, por ejemplo, un dispositivo conectado a internet nos permite buscar recetas, comparar entre varios menús, programar temporizadores o simplemente escuchar música. Igualmente, si salimos a pasear, podemos al mismo tiempo disfrutar de un buen podcast o un audiolibro, además de aplicaciones que te miden los pasos, los metros y kilómetros recorridos e incluso las calorías quemadas. Está claro que podemos hacer todas estas cosas sin necesidad de estar conectados a nada, pero personalmente prefiero que sea mi elección. Si decido desconectarme, que no sea por falta de conocimiento o de competencia digital. Es importante poder elegir.

Las profesiones están cambiando también gracias a la tecnología, del mismo modo que nuestros hogares y nuestras vidas también lo están haciendo. En pocos años, entender la tecnología no solo va a ser una necesidad de aquellos que trabajen en profesiones STEM (*Science, Technology, Engineering and Mathematics* —Ciencia, Tecnología, Ingeniería y Matemáticas—), sino de cualquiera de nosotros. Muy pocas profesiones quedarán al margen y habrá otras que, aunque puedan prescindir de ella, tendrán más éxito si no lo hacen. De nuevo, creo que lo interesante es tener opciones, poder elegir, pero no que nos descarten en una entrevista de trabajo o que perdamos nuestro puesto laboral por no tener el conocimiento necesario.

A los padres y educadores también nos sucede lo mismo. Podemos vivir alejados de la tecnología, pero si nos interesamos por lo digital, por saber qué hay detrás de las pantallas que hipnotizan a los jóvenes, tendremos más oportunidades de educar no solo en analógico, sino también en materia digital. Los móviles son efectivamente un gran mando a distancia, una caja de herramientas repleta de utilidades, y una ventana a la vida social del mundo entero. No hay puertas y no hay límites. Y sabemos que, en el caso de los adolescentes, la vida social y sentirse aceptados dentro de un grupo de iguales es fundamental para su felicidad y bienestar emocional. No debemos olvidar algo tan importante como esto. Nos podemos comunicar con personas de todo el mundo, conocer lo que hacen nuestros ídolos, actores, directores, deportistas, científicos, activistas o políticos favoritos, y también conocer a gente nueva o comunicarnos de nuevo con otros a los que conocimos en algún momento de nuestras vidas.

Si nuestra actitud ante todo esto es la del miedo, la de la prohibición y la del desentendimiento, ¿cuántas oportunidades nos estaremos perdiendo? ¿Cuánta educación les estaremos negando a los niños y jóvenes que nos rodean? ¿Qué modelo estaremos mostrándoles? En este caso, creo que la elección está clara, no se puede eludir una responsabilidad como esta. **Si abordamos la educación con mentalidad de crecimiento, convencidos de que podemos mejorar nuestras habilidades, no podemos quedarnos fuera de lo digital.** El concepto «**mentalidad de crecimiento**» se lo debemos a la psicóloga estadounidense Carol Dweck, quien introdujo las ideas de **mentalidad fija** para definir a aquellos que piensan que sus habilidades son inalterables, y **mentalidad de crecimiento** para identificar a los que viven en la convicción de que pueden mejorarlas. **Es importante saber qué ocurre en ese mundo paralelo de redes sociales, qué les están contando en ellas, cómo podemos ayudarles a manejar las emociones que desatan, a reconocer la verdad entre tanto ruido y a proteger su privacidad e intimidad.** Si prohibimos, desconocemos o no nos interesamos por todo ello, nos alejamos irremediablemente y no podremos ser útiles ni referentes de niños y jóvenes. ¿Cómo van a compartir con nosotros cómo se sienten o qué les preocupa si no sabemos lo que sucede en la mitad de su vida? Menuda pérdida de oportunidad.

En resumen

Alrededor de un 85 % de la población mundial posee un *smartphone*. Esto supone unos 6.700 millones de dispositivos, pero si hablamos de líneas conectadas a internet la cifra asciende a 11.000 millones. Más allá de la realización de llamadas —una utilidad que la generación Z o «mute» no utiliza con tanta frecuencia como las generaciones predecesoras—, los teléfonos móviles y los dispositivos conectados son herramientas que nos facilitan la vida. Esto lo saben los nativos digitales, quienes se desenvuelven muy bien con la tecnología. Sin embargo, a pesar de haber nacido en pleno apogeo de lo digital, no lo saben todo sobre ello.

Utilizar un dispositivo conectado a internet entraña ciertos riesgos de seguridad, por lo que es necesario poseer nociones de tecnología. Vivir al margen de lo digital no va a ser una opción para muchos, y desde luego no debería serlo para los que tienen la responsabilidad de educar a otros. El teletrabajo y la educación *online* requieren sin duda destrezas digitales en situaciones que difícilmente se podrán eludir.

Es mucho más coherente, por tanto, entender la tecnología como una oportunidad de conectar con la siguiente generación que usarla como motivo de desavenencia y discrepancia. Es fundamental conocer qué ocurre en el entorno digital, qué emociones desatan las redes sociales en los jóvenes, guiarlos para reconocer la verdad entre los bulos y enseñarles a proteger su privacidad. Es mucho más educativo abordar la tecnología con mentalidad de crecimiento, porque en pocos años no solo las profesiones STEM requerirán habilidades digitales, sino que estará en la mayor parte de los ámbitos laborales.

2.
La seguridad, lo primero

Siempre se dice que la seguridad es lo primero. De hecho, cuando nos subimos a un coche, y antes de ponernos en marcha, nos abrochamos el cinturón de seguridad; si viajamos con bebés o niños, usamos asientos especiales o elevadores, y si nos movemos en bici o motocicleta nos colocamos el casco. La seguridad está en todas partes, y ha complicado enormemente procesos como el de embarcar en un avión, aunque todo sea para protegernos. Casi siempre son medidas farragosas que dan ganas de saltarse, sin embargo, están ahí por una buena razón. Y cuando usamos un ordenador o un teléfono, ¿qué hacemos para evitar brechas de seguridad? ¿Cómo podemos tener la tranquilidad de que nuestros dispositivos con todos nuestros datos están seguros? Del mismo modo que no dejamos las llaves puestas por fuera de la cerradura de casa o si compramos un coche no circulamos con él sin contratar un seguro de circulación, no deberíamos tener un teléfono móvil y desactivar el PIN de la SIM, no utilizar el bloqueo de pantalla en cualquier dispositivo o usar contraseñas triviales.

Cómo localizar un *smartphone* extraviado gracias a la función de localización del dispositivo

Como primera medida de precaución, y para estar preparados ante una eventual pérdida o robo, existen dos cosas que podemos hacer: una es activar los servicios de localización del dispositivo, y otra guardar la información del IMEI (*International Mobile Equipment Identity*; «identidad internacional de equipo móvil»). Tanto los teléfonos Android como los iOS de Apple tienen funcionalidades que permiten localizarlos. Muchos relojes inteligentes incluyen también una funcionalidad de búsqueda que hace sonar el teléfono cuando el usuario lo necesita. En un teléfono Android, si queremos localizarlo, lo primero que debemos hacer es ir a ajustes, seleccionar la opción «Google» y después ir a «encontrar mi dispositivo». Si activamos esta funcionalidad el teléfono estará localizable. Todos podemos tener un despiste de vez en cuando y olvidar dónde hemos dejado el teléfono, pero cuando pensamos en una familia, con al menos cuatro miembros y cuatro o más teléfonos móviles, la frecuencia con la que ocurren estas cosas es mucho mayor.

Para comprobar que realmente funciona solo tenemos que iniciar sesión en la cuenta de Google en un navegador web, usando la misma cuenta que tenemos vinculada al *smartphone*, y escribir «dónde está mi teléfono». Vemos que el resultado arroja un enlace desde donde veremos todos los dispositivos vinculados a la cuenta. También hay una *app* (aplicación) que se llama «Buscar» y que podemos instalar en el teléfono para buscar todos nuestros dispositivos o los de los demás. Cuando los hijos pierden a menudo el móvil, puede ser muy positivo utilizarla. Con esta *app* pueden iniciar sesión en el teléfono de otra persona, eso sí, necesitarán recordar su usuario y contraseña de Google, y ver dónde está ubicado. Las opciones permiten desde hacer sonar el dispositivo hasta bloquearlo o poner un mensaje en la pantalla. Esta opción es muy interesante, porque si ese mensaje que se puede personalizar incluye un número de teléfono en el que puedan localizar al interesado, la persona que lo encuentre podrá llamar y así acordar la entrega del móvil. En iPhone el proceso es similar o incluso más sencillo.

Esta funcionalidad me ha ayudado a encontrar mi teléfono y el de mi hija en dos situaciones en las que se habían extraviado. La primera vez que me ahorró un disgusto fue una noche que había ido a recoger a mis hijos de sus extraescolares en la escuela de música. Estuve sentada en el hall en un sillón mientras lo utilizaba. Lo dejé a mi lado encima del asiento y me marché sin él cuando los niños salieron. Cuando me di cuenta de la pérdida, la escuela de música ya estaba cerrada. Bloqueé el teléfono desde la web y dejé un mensaje en el que indicaba el número de teléfono fijo de mi casa. Por la mañana pude ver que continuaba con batería y que efectivamente seguía en el mismo sitio en el que lo dejé olvidado. Antes de que pudiera ir a recogerlo me llamó a casa la guardia de seguridad para decirme que había encontrado el teléfono y había leído el mensaje en el que indicaba el número en el que localizarme y que decía algo así como «por favor, si encuentras este teléfono, llama al siguiente número», así que bien pronto por la mañana recuperé el terminal.

La segunda ocasión que esta funcionalidad nos evitó problemas fue en el viaje de la Semana Blanca del colegio de mi hija. Se llevó el móvil a las pistas de esquí y lo perdió en algún momento. Cuando se dio cuenta al regresar al hotel me llamó desde el teléfono de su amiga muy preocupada y disgustada. Gracias a que estaba activa la opción «encontrar mi dispositivo», tal y como expliqué anteriormente, desde mi ordenador pude ver en el mapa que el teléfono estaba en una zona residencial bastante lejos de su hotel. Ella no había pasado por ese lugar, así que alguien lo tenía que haber llevado hasta allí. Bloqueé el teléfono desde la web y escribí un mensaje en el que dejaba mi número de teléfono para que me pudieran llamar. Enseguida me llamó la persona que tenía el móvil. Se trataba de una monitora de las pistas de esquí que me contó cómo lo había encontrado. Me dejó su número de teléfono para que mi hija y ella pudieran acordar dónde podría recogerlo, y gracias a eso evitamos más preocupaciones y problemas de los necesarios.

Cómo bloquear un teléfono móvil gracias al IMEI

Decía antes que hay dos acciones muy sencillas que podemos hacer para estar prevenidos ante una pérdida del teléfono. El primer consejo es, como hemos visto, activar la localización del dispositivo, **y el segundo tiene que ver con un número único que identifica a tu móvil y que se llama IMEI.** Este número es como su número de bastidor y tiene validez mundial. Cuando encendemos el teléfono y coge la señal de la red del operador, es gracias a que ha ocurrido un intercambio de información por el cual el dispositivo ha enviado, entre otras cosas, su IMEI a la red, y esta ha comprobado que es un terminal autorizado y no incluido en ninguna lista negra de terminales ilegales que no pueden conectarse a una red de telefonía. Cuando lo compramos nuevo, el IMEI suele venir impreso en la caja. Si no hemos reparado en ese número, hemos tirado la caja y no sabemos cuál es, podemos obtenerlo fácilmente tecleando en el teléfono el siguiente código: *#06#, y se mostrará en la pantalla el número del IMEI, el cual aconsejo guardar. Podemos hacer en ese momento una captura de la pantalla y enviarnos la imagen por correo electrónico directamente desde el móvil, poniendo en el asunto la palabra IMEI, y así lo podremos localizar rápidamente en caso de que lo necesitemos.

Si estamos seguros de que no vamos a poder recuperar el terminal después de haberlo extraviado o sabemos a ciencia cierta que nos lo han robado, entonces debemos llamar a nuestro operador de telefonía móvil, no solo para dar de baja la tarjeta SIM y que nadie pueda usarla más, sino también para comunicar el IMEI, de modo que lo incluyan en la lista negra de terminales, aunque es muy probable que el operador disponga también de la información del IMEI de nuestro teléfono, pero creo que es útil que lo podamos tener nosotros mismos por si acaso. Gracias a esto, un dispositivo que está en la lista negra no va a poder funcionar conectado a ninguna red de telefonía. Así que, si nos roban el móvil, ya sabemos que hay algo que podemos hacer para que no saquen provecho de él. Del mismo modo, si adquirimos un dispositivo de segunda mano, debemos ir con cuidado porque si era un teléfono robado puede que esté bloqueado, por lo que es necesario comprobarlo antes de pagar por él. Es tan sencillo como introducirle una tarjeta SIM y esperar a que coja señal del operador. Por último, probaremos a realizar una llamada, y si todo funciona entonces el teléfono no está bloqueado.

La tarjeta SIM

Existen además una serie de medidas de seguridad asociadas a la SIM que podemos tener en cuenta. Cuando el operador de telefonía nos proporciona una tarjeta SIM (SIM significa *Subscriber Identity Module* o «módulo de identidad del subscritor»), esta viene habitualmente en un soporte en el que aparecen impresos una serie de números, números que sin duda no debemos ignorar. Por supuesto, el soporte de la tarjeta SIM deberíamos conservarlo, sobre todo si en él vienen impresos los números PIN (*Personal Identification Number* o «número de identificación personal») y PUK (que significa *PIN Unlock Key* o «clave de desbloqueo del PIN»). Además, pueden aparecer también otra pareja de números, un PIN2 y un PUK2.

El código PIN

El primer nivel de seguridad que podemos activar para proteger la tarjeta SIM, y por extensión nuestro teléfono, es el código PIN. Puede ser tentador eliminar su solicitud o incluso que venga desactivado por defecto. En cualquier caso, este código proporciona la seguridad que necesita la tarjeta para evitar que alguien pueda extraerla del teléfono y utilizarla en otro dispositivo. A la hora de introducir el PIN solo hay tres intentos, y si se introduce erróneamente tres veces, entonces la única manera de desbloquear la tarjeta es a través del PUK, que posee un máximo de diez intentos. De ahí la importancia de tener estos dos números bajo control. El PIN2 y el PUK2 tienen, sin embargo, una funcionalidad diferente. Este segundo PIN permite activar y desactivar lo que se conoce como **marcación fija**, que es una funcionalidad que restringe las llamadas a unos números de teléfono concretos, lo que, en cierto modo, podría ser una medida de control parental.

Aunque activar el PIN de la SIM no evita estafas como la del *SIM swapping*, de la cual hablaremos después, sí que evita que los delincuentes puedan utilizar una tarjeta SIM robada o extraviada, sola o insertada en un terminal. Evidentemente, la protección está limitada a que extraigan la SIM o a que el teléfono esté apagado y no tenga otras medidas adicionales de seguridad como el bloqueo de pantalla. Cuando se extendió el uso de los teléfonos móviles en los años noventa solíamos apagarlos por las noches o cuando estábamos en lugares en los que no queríamos que molestaran. Así era fácil recordar el PIN porque se introducía a menudo. Ahora, con los *smartphones*, a menos que se instale una actualización o se apague inesperadamente, casi nadie reinicia su teléfono, por lo que recordar el código puede ser complicado. Y al fin y al cabo tenemos otras medidas de seguridad que sin ninguna duda deberíamos activar. Si el dispositivo tiene medidas de reconocimiento facial o de la huella dactilar suelen ser las utilizadas, puesto que son muy cómodas para desbloquear la pantalla. Pero siempre tendremos que utilizar un código como medida de seguridad adicional.

Cómo conseguir un código de desbloqueo seguro

Para que el código de desbloqueo de pantalla sea realmente seguro, tendremos que esforzarnos un poquito y pensar en uno que no esté incluido en las listas de códigos y contraseñas más usadas. Todos los años se publica el ranking de contraseñas más vulnerables, y seguro que nadie quiere ver las suyas reflejadas en esa lista. Aunque varían según el país, la que coincide mundialmente es 123456 y sus variaciones, añadiendo o quitando dígitos. También son muy comunes los códigos de seis unos o seis ceros. Según los estudios publicados por empresas como las que comercializan gestores de contraseñas y otros muchos que se pueden encontrar en internet, la gente, además de los códigos anteriores, usa nombres propios, nombres de ciudades y palabrotas o tacos. **Como regla general, nunca se debe usar como contraseña una palabra que exista en los diccionarios, tanto de español como de lenguas extranjeras.**

De hecho, existe un ataque conocido precisamente como «ataque de diccionario», que consiste en probar palabras del diccionario para encontrar contraseñas de usuarios descuidados. Hace ya ocho años escribí un artículo en mi blog sobre la creación de contraseñas seguras. La Oficina de Seguridad del Internauta, OSI, y otros muchos sitios web, explican un método muy bueno para inventar contraseñas, el cual uso desde hace mucho tiempo. Cuando escribí ese artículo les expliqué a mis hijos el método para crear contraseñas, que expondré a continuación. Lo aprendieron bien: y a partir de entonces ya no pude adivinar ni una sola de sus contraseñas. Antes, eran obvias, conociéndolos podías imaginártelas.

Método para elegir una contraseña segura

El método consiste en partir de una frase o una palabra larga que recordemos fácilmente, y después se le aplica una serie de transformaciones aplicando un algoritmo que solo nosotros sabemos. Por ejemplo, escogemos la frase «estoy deseando que lleguen las vacaciones» y empezamos a jugar con ella. En primer lugar, tomaremos la primera letra de cada una de estas palabras: edqllv. Con esto no sería suficiente aún para formar una buena palabra de acceso. Todo el que se haya enfrentado a la tarea de crear una contraseña sabrá que **las contraseñas seguras deben tener un mínimo de 8 caracteres, mayúsculas y minúsculas, números y caracteres especiales.** Así que debemos seguir elaborando un algoritmo de transformación para la frase original hasta convertirla en una contraseña infalible. Tenemos que añadir alguna mayúscula. Una solución sería poner en mayúsculas las letras que ocupen posiciones pares: eDqLlV. A continuación, añadimos números, por ejemplo, ponemos números impares detrás de cada letra mayúscula: eD1qL3lV5. Y ya solo faltaría incluir un carácter especial. Podemos poner por ejemplo el símbolo @ al principio y al final: @eD1qL3lV5@.

Comprobador de contraseñas y gestores de contraseñas

Para finalizar, **comprobamos cómo de segura es la contraseña** con un comprobador como password.es. Tras hacer la comprobación, podemos decir que la contraseña propuesta es cien por cien segura. Enseñar a niños y jóvenes a crear contraseñas fuertes usando este método es casi un juego, y comprobar cómo de segura es la contraseña es una manera emocionante de culminarlo. ¿Seríamos capaces de recordar una contraseña creada siguiendo este método? Confío en que sí, porque además de saber crear contraseñas seguras es necesario recordarlas.

Se presenta una dificultad adicional, y es que no debemos reutilizarlas, lo cual conlleva que debamos tener una memoria casi prodigiosa, y por este motivo **existe lo que se conoce como gestores de contraseñas.** Podemos encontrar muchos en internet, algunos bastante populares como Nord-Pass, Keeper o LastPass o el propio gestor de contraseñas de Google. Cuando usamos uno de ellos, ya solo tenemos que recordar una única contraseña: la del gestor. Yo utilizo uno, el cual recuerda por mí alrededor de 300 *passwords*. Mi cerebro no da para tanto, así que recomiendo su uso sin ninguna duda. Las versiones gratuitas limitan sus funcionalidades, pero las versiones de pago son realmente completas y muy asequibles. Y de esta manera, solo tendremos que recordar una contraseña que podremos generar usando el método explicado anteriormente.

Algo a lo que debemos acostumbrarnos es a buscar aplicaciones y soluciones para este tipo de inconvenientes, como es el generar y almacenar contraseñas. No vale escribirlas en un papel y pegarlo debajo del teclado del ordenador, **tenemos que estar dispuestos a pagar por aplicaciones, por *software* original y antivirus si queremos que nuestros dispositivos sean seguros y que nuestra información esté a buen recaudo.** Y hablando de antivirus, creo que es una buena idea comprar uno e instalarlo en los ordenadores, tabletas y teléfonos móviles de toda la familia. Al igual que los administradores de contraseñas, están pensados para proteger a varios usuarios, por lo que son ideales para grupos de personas, y también para varios dispositivos, es decir, sirven tanto para móviles o tabletas como para ordenadores personales. Algunos gestores de contraseñas, además de ayudarnos a que no tengamos que recordar cientos de claves de acceso, nos dicen cuáles deberíamos cambiar si detectan que son débiles o que están repetidas, e incluso pueden generar contraseñas nuevas y más seguras para mejorar la seguridad. Si aún alguien se cuestiona la necesidad de cambiar sus claves, de usar otras más seguras o de utilizar un gestor, y piensa que sus datos están a salvo, le sugiero comprobar si sus contraseñas se han filtrado. Para ello, podemos teclear en el navegador lo siguiente: «*Have I been pwned?*» (que se traduciría al español como «¿He sido derrotado?») y nos llevará a haveibeenpwned.com. **Si nuestras contraseñas se hubieran filtrado desde alguna página de internet este comprobador de contraseñas filtradas nos lo dirá en unos instantes.**

Nunca compartas tu contraseña con nadie

A los adolescentes, preadolescentes o niños nacidos en la llamada generación Z, esa que va desde finales de la década de los noventa hasta la primera década del dosmil, y más pronto que tarde a los enmarcados en la generación Alfa,

además de inculcarles la necesidad de crear contraseñas seguras, hay que insistirles en que no las compartan ni con sus mejores amigos, ya que pueden sufrir malas consecuencias, por desconocimiento o exceso de confianza. Por desgracia, es fácil engañarlos, sobre todo si se les pone un buen anzuelo, como el de conseguir más puntos o gemas, que es como los llaman en el contexto de algunos videojuegos. Recuerdo una ocasión en la que a cambio de más gemas, un pequeño, o no tan pequeño, delincuente pedía a sus compañeros de juego *online* que les dijera la contraseña de su cuenta. Resultó que la contraseña que pedía era la de la cuenta de Google. Les prometía a los niños que les iba a conseguir gemas y ellos olvidaban todo lo que los adultos les habíamos dicho sobre no dar nunca una contraseña a nadie. Una vez conseguía la contraseña, tomaba el control de la cuenta y la sustituía por una nueva, logrando así hasta el control de los dispositivos Android de sus víctimas y el acceso a otras *apps* vinculadas, como YouTube. Suplantaba la identidad de los inocentes chavales de la manera más sencilla, ya que conseguía sus contraseñas engañándolos a modo de timo de la estampita, no había mucha ingeniería detrás. Por razones como esta, la seguridad es lo primero, y no compartir contraseñas es la regla de oro de la seguridad.

Instalar un buen antivirus

Además de un gestor, deberíamos tener un antivirus y renovar su subscripción o comprar uno nuevo cada año, y, por supuesto, actualizarlo cada vez que sea necesario. Actualizar el *software* es una medida de seguridad. Los desarrolladores actualizan el código cada vez que se encuentra un fallo que potencialmente o de hecho puede conllevar problemas de seguridad. En particular, los antivirus nos protegen de *software* malicioso (*malware*). Uno de los primeros síntomas de que un equipo ha sido infectado es que funciona más lento. Si notamos que el rendimiento es peor debemos plantearnos seriamente instalar un antivirus para comprobar si se ha infectado el equipo. En un móvil, podemos además notar que algunas aplicaciones se cierran solas y notifican errores. Si ocurre frecuentemente o si vemos otros comportamientos extraños como aplicaciones que se han instalado sin consentimiento, la batería se consume más rápido de lo habitual, el uso de datos aumenta sin justificación o salta publicidad sin venir a cuento, sin duda debemos analizar qué le ocurre al dispositivo.

Cuando mis hijos eran pequeños, hace ya casi diez años, y cogían mi móvil para jugar, a menudo me ocurría lo que acabo de describir. Era muy molesto querer usar el teléfono y que no parara de aparecer publicidad o que la batería se esfumara. La verdad es que antes de eso, con el uso que yo hacía del terminal, no me había ocurrido nunca, pero los niños buscan juegos y se descargan cientos de aplicaciones que si al menos proceden de la tienda oficial podemos pensar que serán seguras, pero no quita para que sean fuentes inagotables de anuncios publicitarios. **Por eso siempre deberíamos descargar aplicaciones de las tiendas oficiales, para tener al menos una mínima garantía de la calidad de las *apps* que nos descargamos.**

Un antivirus es una opción muy válida, sobre todo porque, como decíamos antes, sirve para múltiples dispositivos y si ya lo tenemos instalado en un ordenador, podemos también usarlo en un móvil. También hay otras opciones. Por ejemplo, en Android podemos usar Play Protect para comprobar si hay instalada alguna aplicación dañina. Ante una infección, la solución más drástica de todas sería devolver el dispositivo a su configuración de fábrica, eso sí, tras haber **guardado copias de seguridad de todos nuestros datos.** Esto es algo que debemos hacer no solo ante una urgencia, sino de manera habitual, sobre todo cuando no almacenamos nuestros ficheros en la nube. **Los típicos servicios de almacenamiento en la nube son Google Drive, Microsoft OneDrive, iCloud de Apple u otros que no están físicamente en un disco duro de nuestra propiedad.**

Los *hackers* son más reales de lo que te imaginas

Algunas personas piensan que los *hackers* solo existen en las películas. Para que comprendamos que eso no es así, voy a contar lo que le ocurrió a un conocido mío. Durante un período de dos años fui diputada en la Asamblea de la Comunidad Autónoma de Madrid. Siempre nos insistían en que lleváramos cuidado con lo que enseñábamos en las pantallas de nuestras tabletas durante los plenos, y que pusiéramos medios para que no nos *hackearan* el móvil. Yo lo escuchaba bastante escéptica, la verdad. No consideraba que mi dispositivo, ni la información que yo manejaba, fuera de interés de nadie, pero siempre he sido precavida y celosa de la seguridad de mis datos. Aunque no sean datos importantes, cualquier descuido se puede usar para perjudicar la imagen de alguien. Un día recibimos un mensaje de otro diputado en el que nos decía que se había quedado sin móvil, que había sido víctima de algún tipo de ataque y no tenía ningún control sobre él, por lo que había cancelado su tarjeta SIM y estaba esperando a conseguir otra. Los delincuentes podían tener acceso a toda su información de trabajo, cuentas personales, redes sociales, y a todo aquello a lo que pudieran acceder desde el *smartphone* de la víctima. No tengo conocimiento de cuánto perdió hasta que recuperó sus cuentas, pero recuerdo que lo pasó bastante mal y estaba muy preocupado. Al fin y al cabo, desde un teléfono inteligente se puede acceder incluso a las cuentas bancarias. Como para no estar preocupado. De modo que es cierto que estas cosas ocurren en la vida real, y a más gente de la que imaginamos.

Qué hacer si te hackean un dispositivo

Ante una situación de *hackeo* como esta, debemos seguir una serie de pasos. El primero de ellos es cambiar la contraseña o contraseñas de los servicios a los que aún tengamos acceso. A continuación, tendríamos que habilitar la autenticación de dos factores o en dos pasos, como medida de seguridad adicional a la contraseña. Existen para ello soluciones como Duo Mobile, Microsoft Authenticator o Google Authenticator. Estas aplicaciones proporcionan un código único para cada ocasión en la que se desea iniciar sesión en una aplicación tras haber introducido la contraseña. **También debemos informar a nuestros amigos y familiares de que nos han *hackeado* las cuentas, porque el delincuente podría tratar de suplantar nuestra identidad para timar a nuestros allegados.** Es importante además evaluar qué cuentas están comprometidas y qué información han podido obtener. Y, por último, no se debe usar las mismas credenciales, como son el número de teléfono o el email, para crear nuevos perfiles o cuentas en las plataformas en las que hemos perdido nuestros perfiles.

Ahora ya sabemos la importancia de mantener el PIN activo en la SIM del teléfono móvil, cómo crear contraseñas seguras fáciles de recordar y qué herramientas nos pueden ayudar a almacenarlas sin apuntarlas en un papel. También sabemos algunos métodos para introducir la comprobación de dos factores y la razón por la que debemos instalar un antivirus, comprar *software* original, descargar aplicaciones de lugares oficiales, actualizar todos nuestros dispositivos y aplicaciones o realizar copias de seguridad.

¿Qué es el SIM swapping*?*

Con todo esto, es el momento de hablar de a qué riesgos nos exponemos si no mantenemos estas reglas básicas de seguridad de las que hemos hablado. Como, por ejemplo, el **SIM swapping**, que ya habíamos mencionado anteriormente, y que **es una estafa muy peligrosa.**

Para perpetrarla, los delincuentes llaman al operador de telefonía móvil y se hacen pasar por la víctima. El objetivo es conseguir un duplicado de su tarjeta SIM para poder hacer uso de la autenticación por SMS que emplean muchos bancos y robarle el dinero de sus cuentas. Aprovechan la laxitud de las operadoras para solicitar duplicados y con eso el método de autenticación por mensaje de texto de algunos bancos se convierte en una medida totalmente inútil. Las víctimas se dan cuenta de que algo va mal cuando su teléfono se queda sin servicio. Eso ocurre en el momento en el que la tarjeta SIM deja de estar operativa y la que está funcionando es la que los delincuentes han duplicado. En una situación como esta, de nuevo, la autenticación de dos factores es una medida de seguridad que previene daños mayores. Sin ese segundo código, los delincuentes no podrán acceder a los perfiles que estén protegidos de ese modo.

Cómo detectar emails fraudulentos

A diario recibimos correos electrónicos fraudulentos, pero, ¿cómo podemos saber que se trata de *phishing*? Habitualmente aparecen multitud de fallos gramaticales, faltas de ortografía y un sinfín de errores de expresión más. Los logotipos están modificados, tienen un aspecto similar, pero es evidente que no son los originales. Por suerte, muchos de ellos no llegan a la bandeja de entrada, porque el gestor de correo ya los descarta directamente, pero otros desafortunadamente pueden llegar a engañarnos. Son correos en los que los delincuentes hacen uso de lo que se conoce como «ingeniería social». Suplantan la identidad de un banco, una plataforma o una empresa para hacer creer a las víctimas que están iniciando sesión en la página real y que introduzcan de ese modo todos sus datos y contraseñas en el portal falso. Por eso, debemos prestar atención a correos electrónicos extraños que solicitan que llevemos a cabo una acción que un banco, una tienda *online* o una empresa que provee de un determinado servicio nunca pediría a un usuario.

En resumen

Cuando poseemos un teléfono móvil o se lo proporcionamos a un menor debemos tomar una serie de medidas de seguridad. Sobre todo si se trata del móvil de niños o adolescentes, que pueden tener más tendencia a perderlo. Es muy útil activar los servicios de localización del dispositivo, ya que esto nos permitirá bloquearlo, configurar un mensaje en su pantalla por si alguien lo encuentra o incluso hacerlo sonar.

También es una buena práctica el registrar el número IMEI del dispositivo para que en caso de pérdida o robo podamos comunicarlo al operador y que este lo introduzca en la lista negra de dispositivos, para que nadie pueda usar ese teléfono conectado a una red de telefonía móvil.

Las medidas de seguridad asociadas a la tarjeta SIM parten de la activación del número PIN, pero es que además deberíamos guardar a buen recaudo el número PUK. El PIN impedirá que alguien que nos haya robado la tarjeta SIM pueda usarla. Además, «el código de desbloqueo» del teléfono móvil es otra medida de seguridad adicional a la que hay que prestar atención.

Es importante no usar combinaciones triviales de números, y cuando se trata de contraseñas alfanuméricas se debe pensar en una combinación que no se pueda adivinar fácilmente o que no exista en un diccionario. Un método práctico para crear contraseñas seguras es partir de una frase y combinar las iniciales de las palabras hasta conseguir una palabra de un mínimo de ocho caracteres, con mayúsculas, minúsculas, números y caracteres especiales. Enseñar a crear contraseñas seguras a los niños es un ejercicio sencillo y hasta divertido. Además, hay que inculcarles la idea de que nunca las deben compartir con nadie, ni siquiera con sus mejores amigos.

Existen aplicaciones conocidas como «gestores de contraseñas» que nos permiten almacenarlas de forma segura sin tener que recordar todas las contraseñas menos una: la del propio gestor. El resto, quedarán almacenadas a buen recaudo en este *software*. Podemos comprar una licencia de un gestor de contraseñas o usar las versiones gratuitas, pero en cualquier caso debemos estar dispuestos a pagar por aplicaciones como los antivirus y comprar siempre *software* original. También es necesario enseñar a los niños y jóvenes a que solo se descarguen aplicaciones de las tiendas oficiales, para tener una mínima garantía de calidad del *software*.

En cualquier caso, para evitar problemas de pérdida de información se deben guardar «copias de seguridad». Para ello, se suelen usar los servicios de almacenamiento en la nube, como Google Drive, Microsoft OneDrive o iCloud en Apple. Nadie está libre de que un *hacker* trate de robarle su información. Si esto ocurriera y alguna de nuestras cuentas fuera usurpada, rápidamente deberíamos cambiar las contraseñas y activar la autenticación de dos factores. Además, se debe avisar a amigos y a familiares de que nos han *hackeado* para que no los intenten timar.

Una de las estafas más peligrosas, además del conocido *phishing* por el que los delincuentes tratan de engañar a las víctimas haciéndose pasar por su banco, es la que se conoce como *SIM swapping*. Los delincuentes llaman al operador de telefonía móvil y se hacen pasar por la víctima para conseguir un duplicado de su tarjeta SIM. Cuando tienen el duplicado, hacen uso de la autenticación por SMS que emplean muchos bancos y les roban el dinero de sus cuentas bancarias.

Las medidas de seguridad son, como vemos, necesarias para protegernos de los ciberdelincuentes.

3.
Los menores y las pantallas

En el año 2001, el escritor y conferenciante estadounidense **Marc Prensky** acuñó el término «**nativo digital**» para referirse a **los nacidos a partir de mediados de los noventa.** Como si lo digital fuera un idioma o una lengua materna, se dio a entender que **los nacidos en la conocida como «generación Z» aprendían lo digital como el que aprende a hablar, casi de manera natural.** No son pocas las voces que critican este término. ¿Estaban realmente preparados los nacidos en la generación Z para vivir permanentemente conectados? La conexión veinticuatro horas al día siete días a la semana ha tenido sin duda un gran impacto en esta generación. De ellos se dice que son impacientes, que aman la velocidad y la inmediatez. Si quieren algo, tiene que ser ya. Aunque también es cierto que han desarrollado una capacidad multitarea para hacer varias cosas simultáneamente y tomar decisiones rápidamente.

A la nueva generación de niños nacidos a partir de 2010 se la conoce como «generación Alfa» («*Alpha***» en**

inglés) o «generación T», de táctil. Precisamente en ese mismo año apareció el iPad de la empresa Apple y los pequeños comenzaron a usar dispositivos táctiles antes de saber hablar. Los padres de estos niños, pertenecientes a las generaciones X e Y, e incluso pronto, si no ya, habrá padres de la generación Z, comparten fotos de sus hijos en las redes sociales, a menudo sin conocer las consecuencias. Así, con este modelo que los padres ofrecen, los menores usan tabletas y *smartphones* desde edades tempranas, los cuales algunos progenitores usan a modo de niñeras para entretener a sus retoños. La tecnología es una herramienta muy potente y de la que podemos disfrutar y sacar mucho partido, pero también existen algunos peligros que los padres y educadores deben conocer: *bullying*, *grooming*, *sexting* y consumo de pornografía son algunos ejemplos.

El peligro de mostrar fotos de tus hijos menores en las redes sociales

El debut de muchos niños en las redes sociales no se produce, por tanto, cuando ellos se crean una cuenta por primera vez, algo que no deberían hacer hasta que tengan la edad legal para ello, sino cuando nacen o incluso antes. Los padres practican *sharenting* (un anglicismo que conjuga las palabras *share* —compartir— y *parenting* —crianza—), **que es como se conoce a la práctica de compartir fotos de los hijos mucho antes de que ellos tengan**

conocimiento o capacidad de elección. El caso es que la generación Alfa ha perdido su privacidad como si de hijos de famosos se tratara, con la diferencia de que no son los paparazzi los que buscan robarles una fotografía, sino que son los propios padres los que, voluntariamente y sin suficiente premeditación en algunos casos, registran la vida de los pequeños en las redes sociales desde la primera ecografía, la primera sonrisa o el primer paso.

Instagram está lleno de mamás y papás *influencers* que comparten su vida como progenitores. La crianza genera interés, lo que pasa es que en ocasiones se vende una imagen dulcificada de ella, y a veces todo lo contrario. Pero el que haya estrellas de Instagram o de YouTube compartiendo su vida y la de sus pequeños no nos convierte a todos inmediatamente en *influencers* ni tenemos por qué seguir ese modelo. Compartir las fotos de los hijos desde bebés tiene una cara B, y, de hecho, existe un debate social al respecto. **Al subir fotos de los niños a redes sociales se les está creando lo que se conoce como «huella digital».** Mi huella digital arrancó a la vez que surgió Facebook, LinkedIn o Twitter (ahora X). Simplemente, durante mi infancia y adolescencia, como no existía internet, no pude dejar huella. Por tanto, he construido mi imagen digital de manera bastante consciente. Hay cosas que no comparto en redes sociales porque quiero mantenerlas privadas. No soy usuaria de Instagram ni de TikTok, por ejemplo, porque no me expreso bien en imágenes, pero sí publico artículos o escribo en blogs, así que puedo declarar que mi imagen digital está controlada por mí. Mis padres no tuvieron que decidir si publicar o no mis fotos en ninguna red social. Sin embargo, hoy los padres sí que deben hacerlo. Es una de esas nuevas responsabilidades que los padres de hoy tienen y que no tenían los *baby boomers* hace varias décadas.

Como decía, el debate está abierto, pero hay quienes opinan que **es un ataque a la privacidad de los menores el compartir sus fotos en internet** y, de hecho, algunos padres contrarios a esta práctica cuestionan a amigos que sí lo hacen. Además, a otros adultos que no son padres les irrita ver imágenes de bebés de amigos. Y, por el contrario, hay quienes opinan que es un motivo de felicidad, que hay belleza detrás de esas imágenes y disfrutan no solo compartiéndolas, sino también viendo las fotos de otros niños. Creo que esto pasa por hacer un ejercicio de reflexión y empatía. ¿Cómo nos sentiríamos si, como niños, viéramos que nuestros padres han publicado una fotografía en la que tenemos la cara manchada de chocolate? ¿Puede esto generarle un problema a mi hijo, como es el acoso escolar? Efectivamente, si lo que se va a publicar puede avergonzar al menor, la decisión es sencilla: no publicarlo.

Los peligros asociados a esta práctica: el sharenting

Pero hay más razones para pensarse muy bien si publicar o no información sobre los niños. **Hay datos privados que expuestos públicamente pueden permitir a ciberdelin-**

cuentes suplantar la identidad del menor. Desgraciadamente, tal y como explicamos en otro capítulo de este libro, las contraseñas no son todo lo seguras que deberían ser, y a veces la gente incluye datos personales en ellas. Pero es que incluso muchas preguntas de seguridad se vinculan a datos privados que solo nosotros deberíamos saber a menos que alguien más las haya compartido. Las contraseñas deberían ser seguras, pero... ¿cuánta gente utiliza el nombre de su mascota o su fecha de nacimiento para acceder a redes sociales o páginas de internet? Y también las preguntas de seguridad de muchos portales, incluso bancarios, pueden referirse al nombre de tu perro, de tu abuela materna o de tu colegio. **Si los datos que se suponen privados ya no lo son, la seguridad basada en este tipo de información se desmorona.**

Según un estudio publicado por el banco británico Barclays en 2018, el *sharenting* expone a los menores a peligros de fraude por robo de identidad. Estiman que podrían producirse 7,4 millones de robos de identidad al año, y se aventuran a vaticinar el coste: la cifra podría ser de 767 millones de euros. El banco pedía a los padres comprobar los ajustes de seguridad de sus redes sociales y asegurarse de que solo personas de confianza acceden a la información que publican sobre sus hijos. Muchos de estos datos publicados por los padres permanecerán *online* durante toda la vida de ese menor, que será un adulto en pocos años. **Una huella digital plagada de datos privados es una oportunidad para desaprensivos que podrán usar esos datos**

para estafas de todo tipo. Desde compras *online*, pasando por préstamos o transacciones con tarjetas de crédito, todos ellos fraudulentos.

Los riesgos asociados a un *sharenting* descontrolado no son solamente el fraude y la falta de privacidad. También la pedofilia. Los pedófilos obtienen información de los menores a través de las redes sociales, y con la información expuesta aprenden sobre los gustos, las costumbres, los lugares que frecuentan, el colegio o las extraescolares a las que van. Y una vez conocen toda esta información, les resulta mucho más sencillo acercarse a sus víctimas. También puede favorecer el *grooming* y el *ciberbullying*.

Peligros que acechan a los menores

Grooming *(pederastia provocada por un adulto)*

El *grooming* está relacionado con la pederastia. Es un acoso y engaño que un adulto lleva a cabo para aprovecharse de un menor. El acosador contacta con el niño o la niña, y al hacerlo por medios digitales no le dice que es un adulto, sino que se hace pasar por otro menor, adaptando incluso su vocabulario para convencerlo. De esta manera consigue generar un vínculo de amistad con la víctima y lo convence de mantener su amistad bajo secreto, y así genera un clima de intimidad que excluye a la red de confianza del menor. Nadie más puede saber de su existencia, ningún adulto de la red de apoyo del joven se entera de que están en contacto. El agresor se asegura bien de que no existen riesgos, evalúa la situación y comprueba que su relación con el menor permanece en secreto y que se ha ganado toda su confianza, es en ese momento cuando se siente seguro para comenzar a hablar de sexo. Y cuando siente que la víctima está atrapada en su red, aislada de los adultos y suficientemente comprometida, le pide fotografías o vídeos de carácter sexual o incluso conocer físicamente al menor. Según el informe de la ONG Save the Children sobre violencia viral, en el que participaron cuatrocientos jóvenes, una quinta parte de los encuestados ha sufrido en el pasado este tipo de acoso y el 15 % en más de una ocasión, siendo quince años la edad media en la que esto ocurrió.

Ciberbullying *o ciberacoso*

Por otra parte, el **ciberbullying** o **ciberacoso** es un acoso que se perpetra también por medios digitales. **La condición para que un conflicto llegue a considerarse acoso es la repetición y perpetuación en el tiempo.** Un caso aislado no se considera acoso, por muy doloroso que haya podido ser. Cuando la intención de producir dolor está patente, la repetición es evidente, de tal modo que el daño se realiza de manera diaria y prolongada en el tiempo, intervienen menores y medios digitales, es entonces cuando se habla de ciberacoso como tal.

El *sharenting* podría en cierto modo dar motivos a menores acosadores a ensañarse con otro. **Fotos desafortunadas, situaciones vergonzosas u otras pistas que puedan dejarse sobre los puntos débiles de un chico o una chica pueden servir de combustible para los acosadores.** El anonimato y la inmediatez de los medios digitales son un aliciente a la hora de lanzarse a acosar a un igual, y uno de los peores aliados de este acoso es la ubicuidad. **El ciberacoso está presente a todas horas y en todas partes,** ya que el menor no escapa de él al salir del colegio, sino que lo sufre esté donde esté, pues lo lleva consigo detrás de la pantalla de su móvil.

Nuestra responsabilidad como adultos

Los adultos educadores —lo cual creo que no se restringe solo a padres, madres y profesores (soy de la opinión de que educamos todos, directa o indirectamente, por modelado o modelaje)— tenemos una nueva responsabilidad que no tuvieron los *baby boomers*. Las generaciones X, Y e incluso los más mayores de la generación Z debemos introducir en nuestra conversación y en nuestro modelo de vida todo lo que se refiera a lo digital y la tecnología. Los niños y jóvenes que nos rodean tienen que saber que pueden confiar en nosotros y que sabemos lo que sucede en el mundo digital, algo que no podremos hacer si nos negamos a adaptarnos o interesarnos por ello. En los años ochenta, si un niño pegaba a otro en el recreo, todos sabíamos que podíamos recurrir a los adultos. Creo que se intervenía rápidamente ante una agresión física porque era la vida real, visible, con daños físicos. ¿Cómo nos habríamos sentido si nuestros maestros o padres hubieran ignorado una paliza entre estudiantes?: se defendía a la víctima y a la vez había consecuencias para el agresor; la justicia solía ir por delante. Los niños tienen que saber que en la segunda o la tercera década del siglo XXI la justicia seguirá yendo por delante.

Creo que sería eficaz que nos escucharan hablar del *grooming* y del ciberacoso, con ejemplos y situaciones que ellos entiendan como posibles y cercanas. Pienso que las charlas de psicólogos y policías no serán nunca tan efectivas como las conversaciones de sobremesa con los padres y hermanos o en las tutorías con sus profesores y compañeros. **Deben saber que somos sensibles al tema, que acosar a un compañero es muy grave, de hecho, es un delito, y que empatizamos con los agredidos, que estaremos a su lado, sin juzgarlos, para defenderlos y apoyarlos.** Tal vez el problema sea que el daño psicológico es más complicado de valorar y más difícil de expresar, y es que lo digital ha traído este tipo de agresiones y complicaciones, en las que entra en juego la educación emocional.

Educar a los menores en las emociones

Usando las palabras del doctor Marc Brackett, director y fundador del Centro para la Inteligencia Emocional de la prestigiosa Universidad de Yale (New Haven, Connecticut, Estados Unidos), creo que **hay una nueva responsabilidad que nos ha tocado: la de ser científicos de las emociones y no jueces de las emociones.** Es evidente que no nos educaron para ello, carecemos de modelos de referencia, pero las nuevas generaciones lo necesitan. Podría decirse que **los adultos educadores**, es decir, prácticamente todos, porque tengamos o no jóvenes cerca, influimos desde cualquiera de nuestras facetas de la vida, desde nuestros empleos y roles en la sociedad, **tenemos responsabilidades nuevas propiciadas por la sociedad digitalizada en la que vivimos. La educación emocional y la educación digital van de la mano,** hasta el punto de que creo que incluso se podría acuñar un nuevo término que aunara las dos.

El *sharenting* y la consecuente presencia de los niños en las redes sociales trae consigo, como hemos visto, una serie de riesgos, como la falta de privacidad, el fraude, el *ciberbullying*, el *grooming* o la pedofilia. Para evitar estos riesgos es importante valorar todo lo que hemos comentado anteriormente. Aunque no hay que olvidar que el ciberacoso y el *grooming* pueden ocurrir no solo propiciados por el *sharenting*. **Hay situaciones que se producen por la mera presencia de los menores en las redes sociales, como es el *sexting* o la práctica de compartir fotos de desnudos o de carácter sexual, erótico o pornográfico.** Entre los adolescentes se conoce a estas fotografías como ***nudes***.

Qué es un nude

En ocasiones se llama *nudes* a las fotos íntimas, tomadas con la intención de permanecer en secreto, pero que después salen del círculo de confianza y se usan por terceros para hacer daño. Y en otras ocasiones son imágenes que se toman bajo engaño o en el más profundo desconocimiento, con la clara intención desde el primer momento de perjudicar a la víctima. Sabiendo que aproximadamente uno de cada cinco menores practica *sexting*, la regla número uno para evitar problemas sería no hacerse nunca una foto comprometida, al menos no voluntariamente. Creo que el daño que pueden hacerle a un chico o una chica por culpa de una foto de carácter erótico o sexual es emocionalmente demasiado fuerte para que a edades tan tempranas se pueda superar sin un gran sufrimiento.

Los nativos digitales no han sido seguramente capaces de evolucionar y adaptarse todo lo rápido que hubiese sido necesario. Han nacido con un *smartphone* debajo del brazo, y a veces se ha tenido la tentación de dejarles hablar su lenguaje digital sin preocuparse por entenderlos y permitirles que manejen solos sus experiencias digitales. Sin embargo, ahora que **sabemos que ser un *centennial* no garantiza la madurez necesaria para gestionar los riesgos y las emociones que internet y las redes sociales traen consigo, ¿los vamos a seguir dejando solos?**

En resumen

Desde que en el año 2001 el escritor y conferenciante Marc Prensky acuñó el término «nativo digital» se ha malinterpretado este término, pensando que los nacidos en el nuevo siglo sabían todo sobre el mundo digital y no iban a necesitar que los adultos les enseñaran nada. La falta de educación digital se agrava cuando además los padres practican el *sharenting*, compartiendo en redes sociales información personal de los menores desde que nacen. Antes de que los propios implicados decidan crearse una cuenta en una red social, ya tienen una huella digital gracias a lo que sus familiares adultos han compartido sobre ellos en internet.

Esto puede acarrear problemas, como la suplantación de identidad. Alguien podría conocer datos personales de estos jóvenes que les permita hacerse pasar por ellos y facilitarles incluso el acceso a sus cuentas bancarias. Y no solo eso, la pederastia, el *grooming* u otros tipos de acoso se pueden ver propiciados por la exposición de datos personales de menores en las redes sociales. La sociedad digital entraña responsabilidades nuevas para los adultos educadores, entre las que se encuentra la de ser, como indica el profesor Brackett, «científicos de las emociones». La educación digital y la emocional van de la mano desde el mismo momento en que surgen problemas como el ciberacoso. Cuando la intención de producir dolor es evidente, la repetición es continua, el daño se realiza de manera constante y prolongada en el tiempo, es entonces cuando se habla de ciberacoso como tal. Los menores deben confiar en la sensibilidad adulta a este respecto.

Por otra parte, la propia actividad de los menores en internet puede tener consecuencias negativas. Hay situaciones como el *sexting* o la práctica de compartir fotos de desnudos o de carácter sexual, erótico o pornográfico que los ponen en riesgo. Sabemos que ser un *centennial* no significa que tengan la madurez necesaria para gestionar adecuadamente los riesgos y autorregular las emociones que el manejo de internet y las redes sociales conllevan, por lo que nuestra función como responsables es acompañarlos y no dejarlos solos.

4.
Los límites en el uso de la tecnología

Los adultos deberíamos ser el modelo del que los niños y jóvenes aprendieran. Es un hecho: se aprende más por modelado que por modelaje. Es decir, no sería correcto que un padre o una madre le dijera a un niño que no utilice el móvil mientras está cenando si ellos mismos no son capaces de despegar los ojos de la pantalla de su terminal cuando están sentados a la mesa. Aquí es donde reside la idea del modelado: **sé el ejemplo del que aprendan los menores en los que influyes. Los primeros en ponernos límites tenemos que ser los adultos.** Somos adultos educadores, tengamos o no hijos o alumnos, por este motivo hay poderosas razones por las que deben existir esos límites, igual que los tenemos para la bebida, la comida basura o para otras cosas que sabemos que nos pueden acarrear un problema de salud.

Consecuencias negativas del mal uso de la tecnología

El uso descontrolado de la tecnología también puede producir consecuencias negativas en nuestro bienestar emocional o en el de los menores. De hecho, **el uso de las redes sociales ya se asocia a problemas de sueño, y estos están directamente relacionados con problemas de salud mental.** Dormir mal y padecer ansiedad guardan un vínculo muy estrecho. Por eso, es necesario saber identificar con sentido crítico situaciones en las que las redes sociales resultan tóxicas, lo cual requiere cierto entrenamiento. Hablaremos de ello en otros capítulos de este libro. **Ciertas consecuencias negativas del uso descontrolado de la tecnología se pueden manifestar en forma de tecnoadicciones.** La tecnología nos engancha y nos mantiene conectados a redes sociales, noticias, juegos o contenidos audiovisuales. Si el nivel de dependencia es extremo puede que se haya llegado a sufrir lo que se conoce como una «tecnofilia» o «tecnoadicción», y por eso es importante establecer normas para evitar que esto ocurra.

El psicólogo Marc Masip, experto en adicción a las nuevas tecnologías, **recomienda retrasar la edad a la que los niños acceden al primer móvil hasta los dieciséis años.** Personalmente, me parece irrealizable. A los dieciséis años un adolescente ha acabado la ESO y lo habitual es que los jóvenes tengan un móvil al menos desde primero de Secundaria, si no antes. La presión social es demasiado fuerte como para mantener a un adolescente fuera de Instagram,

TikTok o cualquier otra red social que lo ponga al día de lo que ocurre en su círculo social. En vez de tratar de que estén alejados de la demonizada tecnología, me parece más responsable que nos acerquemos a su realidad, porque, nos guste o no, es lo que nos ha tocado vivir. **Del mismo modo que nos interesamos por conocer los nombres de sus amigos o saber cuáles son sus aficiones, deberíamos interesarnos por conocer los nombres de sus videojuegos favoritos, redes sociales (los adultos nos quedamos rápidamente desactualizados en esa materia),** *youtubers,* *instagramers, tiktokers,* **cantantes, actores o** *influencers* **en general.**

Una norma fundamental sería acordar cuándo se usan las pantallas, es decir, establecer límites temporales en cuanto a franjas horarias y a tiempo total de uso. Los límites son necesarios, en cualquier caso, y primordiales en la educación de los niños. A todos nos ayudan a establecer un control de nuestros impulsos, a dosificarnos, a no excedernos, y en el caso de los niños, a madurar con equilibrio y forjar relaciones de apego seguro con los progenitores. **Los adultos deberían establecer límites para usar la tecnología con control, dosificándola. Esto sirve tanto si hablamos de la televisión como del ordenador, la consola, el teléfono móvil o la tableta.**

¿Dónde podemos usar los dispositivos electrónicos? ¿En qué habitación van a usar los niños una consola, un ordenador o una tableta? El primer límite, por tanto, es **de carácter espacial.** Cuanto más corta sea la edad de los niños, más importante es establecer un espacio común o abierto para que usen estos dispositivos. **Es decir, como norma general no deberían usarlos encerrados en una habitación. Cuando se trata de jugar a videojuegos o usar el ordenador, siempre es recomendable que haya un adulto presente.** Con esto se puede comprobar a qué juegan, y se pueden revisar otros aspectos como si están usando la webcam o si están chateando o charlando con alguien desconocido. Escuchar los comentarios y las conversaciones relativas a su actividad *online* nos puede ayudar a detectar situaciones peligrosas y nos facilita el intervenir en caso de que algo nos resulte llamativo. De esta práctica pueden surgir muy buenas oportunidades para educar a los menores, pero evidentemente es necesario que estemos cerca de ellos para que eso ocurra, lo cual no sucederá si el niño está encerrado en una habitación a la que no acceden los adultos. **Hay que aprender a convivir con los chicos y con la tecnología que usan. Es parte de su mundo y los adultos educadores no deberíamos ser ajenos a ella.**

Una buena recomendación sería, por tanto, que no se le ponga un televisor, una consola o un ordenador a un niño en su habitación. Puede ser muy cómodo para evitar muchas discusiones por el uso del televisor del salón, pero los problemas que puede acarrear utilizar descontroladamente estos dispositivos serán, con creces, mucho peores. Y si ya tienen uno en la habitación puede ser el momento de plantearse moverlos a una zona común de la casa. Existe una gran oportunidad de aprendizaje cuando hay que compartir o esperar a que la consola o el televisor no estén ocupados por otro miembro de la familia y se encuentren libres: por ejemplo, ejercita la paciencia, esa que se dice que no tienen los *centennials*. Acostumbrados a tenerlo todo con inmediatez, han perdido la capacidad de esperar. Con voluntad, se pueden encontrar mejores soluciones que llenar la casa de televisores en cada habitación y videoconsolas y ordenadores a antojo de cada miembro de la familia.

No pasar largo tiempo con el móvil antes de irse a dormir

¿A qué edad podrían entonces tener un ordenador en la habitación? Seguramente acabarán necesitando un portátil para estudiar y hacer los deberes, y a eso es imposible negarse. La pandemia de covid-19 ha acelerado el proceso de digitalización de la educación y cada vez se usa más y a edades más tempranas. Cuando llegue ese momento se puede permitir que lo usen en la habitación, pero por la noche es mejor dejarlo fuera. Las noches son para dormir. **Usar dispositivos electrónicos antes de acostarse puede interferir en la calidad del sueño.** Y tener la tentación a un paso de la cama sería incluso peor. **Recordemos que se trata de ir educándolos desde que son niños para evitar que en la adolescencia existan conflictos y trastornos que no podamos ya remediar o que precisen de soluciones más drásticas.**

Muchos jóvenes trasnochan, están hasta altas horas conectados mirando la pantalla de su móvil, y usándolo para aquello que más les guste. En la intimidad de su habitación, a oscuras, se sienten más desinhibidos para chatear con sus amigos. Según datos de Common Sense Media a partir de estudios realizados en Estados Unidos y México, **el 70 % de los jóvenes se van a la cama con su *smartphone* y lo miran antes de dormir**. Incluso lo consultan si se despiertan a mitad de la noche o se despiertan para consultarlo, según cómo se mire. Existe también un anglicismo, cómo no, para la práctica de permanecer despierto hasta altas horas de la madrugada usando un terminal. Se le conoce como *vamping*.

Una campaña de concienciación en 2014 llamaba a estos jóvenes *phonbies*, y me pregunto si esos chicos tuvieron algún límite referente a lo digital cuando eran niños. Para evitar llegar a esta situación, hay que educarlos desde que acceden a los dispositivos electrónicos por primera vez. **No solo hay que establecer cuántas horas al día podrán usar los dispositivos, sino también en qué momento. Hay que vigilar que no lo usen antes de irse a la cama para que la excitación o el impacto de la luz azul no les impidan conciliar el sueño.** Antes de ir a dormir hay que realizar actividades relajantes con baja luminosidad, como leer, y el móvil debe apagarse y preferiblemente dejarse fuera de la habitación. No vale dormirse con él en la mano o debajo de la almohada, para que de ese modo no tengamos la tentación de consultarlo nada más despertarnos, a veces sin ni siquiera salir de la cama.

Poner límites temporales al móvil

Si el primer límite se refería a los espacios, el segundo límite es, por tanto, temporal: no podemos usar la tecnología de manera ilimitada. Ni los adultos ni los menores. Es importante equilibrar los tiempos de uso. Hay que acordar cuánto tiempo pueden usar los niños sus móviles, tabletas, consolas u ordenadores. O ver la televisión si es que hay algún *centennial* que aún la vea. El objetivo es evitar conflictos futuros o que aparezcan trastornos como las tecnoadicciones. **Habría que empezar, pues, por poner un límite razonable de uso diario en función de la edad de los niños. Puede ser una hora, una hora y media o dos horas. Y por supuesto, tampoco podemos permitir que el uso de estos dispositivos entorpezca su rendimiento escolar o su descanso,** como ya hemos dicho.

El tiempo que dedican los niños a jugar a videojuegos, a ver vídeos en internet, a usar una tableta, un *smartphone* o una consola debería estar, por tanto, controlado por los padres. Sin embargo, hay casos en que estos utilizan la tecnología para mantener a los chicos entretenidos de modo que no molesten, lo cual puede ser muy tentador y liberador. Mientras los niños sean pequeños, aún podremos decidir cuándo y dónde usarán los aparatos electrónicos. Se los podemos dejar cuando nos convenga y arrebatárselos a nuestro antojo cuando ya no nos interese que los utilicen, pero en cuanto llegue la adolescencia, la falta de límites se volverá en nuestra contra. Al fin y al cabo, cuando uno tiene hijos, es imprescindible que los atienda y les dedique tiempo. Y eso pasa también por tener conversaciones reales con ellos, sin estar consultando el móvil constantemente y sin darles algún dispositivo que los idiotice y mantenga callados. El modelo que les demos mientras sean pequeños será lo que ellos nos devuelvan cuando llegue la adolescencia. ¿Consultamos el *smartphone* mientras nuestro hijo nos cuenta algo importante para él? ¿Sabemos identificar aquello que tiene impacto emocional en su vida y le damos la importancia que tiene? ¿Apagamos el televisor y dejamos el móvil lejos de la mesa mientras cenamos en familia? En conclusión, **es necesario establecer unas reglas para usar la tecnología en el hogar y ser modélico en su cumplimiento.** Si se hace bien, el día que el padre o la madre incumplan la regla, serán los hijos los que les regañarán.

Además de estos límites o normas, en lo temporal y lo espacial, **hay otras reglas que se deben establecer para que la tecnología no sea una fuente de problemas y conflictos, como puede ser el incurrir en gastos descontrolados.** Los niños, a veces, no son muy conscientes del valor del dinero. En este sentido, la adquisición de «*loot boxes*» o «cajas de recompensas» (o «de botín») integradas en videojuegos usados por menores ha acarreado problemas económicos a más de una familia. Algunos videojuegos con clasificación PEGI para menores de dieciocho años los integran, poniendo a niños ante la disyuntiva de realizar compras en momentos que pueden ser decisivos para ganar una partida. En España se ha planteado una ley para poner coto a las compras de estas recompensas virtuales.

Se ha establecido la necesidad de que los videojuegos integren un mecanismo para verificar la edad de la persona que va a efectuar la compra mediante la comprobación del DNI. **A los niños debemos explicarles que el dinero virtual se traduce en dinero real, y se les debe enseñar a no comprar nunca nada *online* sin preguntar a los padres.** Evidentemente, sin los datos de una tarjeta bancaria no podrán comprar nada, y si los hijos son aún pequeños, no pensarán seguramente en coger la tarjeta de crédito de la cartera de sus padres para realizar la compra. Sin embargo, si ya se han introducido esos datos bancarios una vez anterior y se quedaron almacenados en el sistema, sí pueden realizar una compra no deseada o no autorizada por los progenitores, que se llevarán una sorpresa posterior cuando reciban el cargo bancario. **Una opción para evitar problemas de este tipo es recurrir a las «herramientas de control parental»,** sobre todo si los niños son todavía pequeños o si acceden al móvil o tableta de sus padres, donde puede existir con más probabilidad el riesgo de que incurran en gastos asociados a las tarjetas bancarias de los progenitores cuyos datos pueden ya haber quedado guardados en la memoria.

Diferenciar lo virtual de lo real, y aprender que lo primero tiene impacto en lo segundo, es primordial, y no solo en el caso del dinero. Los menores deben tener presente que detrás de un amigo virtual con apariencia amable puede haber una persona muy poco amigable que está mintiendo sobre su identidad, edad o intenciones. **Hay que explicarles la importancia de no dar datos personales**

a nadie que no sepan realmente quién es. Eso incluye no enviar fotos propias, no decir dónde viven, cómo se llaman, a qué horas los padres están fuera de casa, el nombre del colegio al que van o su fecha de nacimiento. Ni padres ni niños deben compartir fotos comprometidas de menores. Lo mejor es no tomar fotos que no nos gustaría que nadie viera. Una foto no tomada difícilmente será razón de arrepentimiento, pero una foto comprometida, como por ejemplo un *nude*, usando el lenguaje de los *centennials*, puede llevar a situaciones indeseables y, por otra parte, evitables. En definitiva, no deben compartir nunca nada que pueda ayudar a una persona malintencionada a identificarlos. En otro capítulo de este libro hablamos del **sharenting**, precisamente como **una práctica por la que se puede exponer a niños a situaciones de acoso, *grooming* o incluso suplantación de identidad por haber expuesto demasiados datos privados de un menor.** Sea por decisión de los padres o de los propios niños, no es buena idea compartir información personal en internet.

Además, como ya hemos dicho, **solo se debería usar el móvil dentro de unos horarios. Así que por la noche es deseable apagar el móvil y dejarlo en la zona común designada para ello.** Puede ser una estantería del salón, en un cajón de una cómoda o, por ejemplo, una cajita comprada para ese fin. Y, para acabar, **usar el móvil no debería ser la primera cosa que se haga al despertarse por la mañana ni la última antes de irse a la cama.** Esta norma sería también de aplicación a los adultos. Consultar el móvil antes siquiera de salir de la cama se asocia a mayor estrés. La cantidad de notificaciones, correos electrónicos del trabajo, actualizaciones de redes sociales y noticias es un bombardeo de información incesante que deberíamos retrasar hasta un tiempo prudencial después de habernos levantado, ya que sin duda no es la mejor manera de arrancar el día. Según una encuesta realizada por la consultora Deloitte a un total de 53.000 personas, el 61 % de ellos consultaba su móvil en los primeros cinco minutos tras despertarse y el 88 % en la primera media hora. Así, antes de una hora, el 96 % ya lo había mirado al menos una vez.

El primer móvil de tu hijo o hija

Como adultos educadores que somos tenemos que estar atentos a las oportunidades de contribuir a la educación digital y emocional de los menores, y una buena oportunidad se da **cuando llega el momento de comprarle el primer móvil a un chico o chica**. En ese momento, se puede pensar en firmar un contrato entre los padres y el joven, de modo que se establezcan las reglas de uso del móvil. En línea con lo anterior, el objetivo de esas normas sería establecer los límites espaciales y temporales para el uso del terminal. Y sin duda el momento en el que un niño va a estar más receptivo a escucharlas será cuando desee tener su primer *smartphone*.

Para concienciar a los hijos de la importancia y el valor del *smartphone* que se les ha comprado se puede preparar y firmar un contrato semejante al siguiente. Este contrato lo redacté en el año 2014 y está publicado en mi página web. Es solo un modelo que cada familia podría adaptar a sus necesidades.

Propuesta de contrato

Contrato familiar entre _____ y_____ (nombre del padre y de la madre) y _____ (nombre del chico o chica) para usar tu *smartphone*.

1. Coste del terminal y coste del servicio

Tu *smartphone* tiene un coste de _____ euros (escribiríamos aquí cuánto ha costado el terminal) y el coste del servicio es de _____ euros al mes (escribiríamos aquí lo que pagamos al mes al operador).

1.1. Como tienes _____ años y aún no posees ingresos regulares deberías ayudar a pagar este gasto fijo de alguna manera dentro de tus posibilidades. Tus padres pagarían por tener más tiempo libre, así que cualquier ayuda extra que nos proporcione más tiempo libre será interpretable como dinero para pagar el coste de tu *smartphone*.

1.2. Esta ayuda extra debe ser realmente extraordinaria, no cuentan así tus obligaciones como estudiante (sacar buenas notas <u>no cuenta</u> para pagar el *smartphone*, pero si tus notas empeorasen sí lo tendremos en cuenta para reconsiderar si estás preparado para tener un *smartphone*), ni las derivadas de tus propias responsabilidades (hacer tu cama, ordenar tu habitación o ayudar a poner y quitar la mesa).

1.3. Entonces, ¿qué ayuda extra puedes ofrecer? Ayúdanos a hacer la compra y a guardarla en los estantes, ayuda a tus hermanos pequeños con sus deberes, aprende a poner la lavadora, a tender, a recoger, a plegar y a guardar la ropa. Si nos ayudas con esto, tendremos más tiempo libre, por el que realmente pagaríamos, así que habrás conseguido contribuir al pago del coste de tu terminal.

2. Uso responsable del terminal

Entendemos que eres suficientemente responsable como para tener un teléfono móvil de última generación, por lo que podrás seguir disfrutando de él siempre que demuestres que haces un uso responsable del mismo. La mayor prioridad ahora mismo en tu vida son los estudios, aprender y ser feliz. Si haces un uso responsable de tu terminal seguirás sacando buenas notas y siendo feliz, que es para lo que te lo hemos regalado, para que seas feliz. ¿Qué significa hacer un uso responsable? Pues te lo explicamos ahora mismo:

2.1. Utilízalo solo en las horas y lugares adecuados: no lo uses en clase, no lo emplees cuando estamos en la mesa, ni mucho menos cuando estés estudiando. No lleves el terminal a tu habitación por la noche. Déjalo en el salón, no lo lleves por toda la casa y así evitarás accidentes.

2.2. No te hagas fotos comprometidas. Si recibes fotos comprometidas de alguien, díselo enseguida a un adulto responsable y bórralas inmediatamente (asegúrate de que las has borrado por completo).

2.3. No mandes un mensaje diciendo algo de lo que te puedas arrepentir, tus amigos son buenas personas y os tenéis que respetar. No lo utilices para hablar mal de nadie ni para fomentar o provocar situaciones de acoso.

2.4. No contactes con desconocidos por ningún medio: ni redes sociales, ni mensajería instantánea, ni juegos *online*.

2.5. Protege tu terminal con una contraseña segura que solo tú y tu familia conozcamos, nadie más. Si alguna vez le das tu contraseña a otra persona, cámbiala por una nueva lo antes posible. Actualiza el terminal cuando sea necesario y protégelo con una funda y un cristal protector.

3. Casos de retirada del terminal

El incumplimiento de algún punto de este contrato llevará a tus padres a retirarte el terminal.

Estableceremos un plazo de 2 o más días en función de:

3.1. Infringir las cláusulas 2.1, 2.2, 2.3 y 2.4 supondrá la retirada del terminal por 3 días.

3.2. Infringir la cláusula 1.3 y 2.5 supondrá una retirada del terminal por 2 días.

Si reiteras en infringir el contrato podremos plantearnos retirarte el terminal por una semana o más tiempo.

Fdo.

Hijo   Padres

Y a continuación lo firmarían todas las partes interesadas, es decir, los dos padres y el hijo o hija en cuestión. Puede estar bien el responsabilizar a los chavales de esta manera para que hagan un uso cabal de su *smartphone*, con un «contrato» similar al que tendrán que firmar alguna vez cuando sean adultos con responsabilidades plenas.

Prevenir la tecnoadicción

No olvidemos que el objetivo de todo esto, la idea del contrato y de las normas o reglas, es prevenir conflictos, en especial cuando llegue la adolescencia, pero también en el peor de los casos, una tecnoadicción. Si la tecnología no es motivo de conflicto, será más fácil disfrutar de ella. Los dispositivos conectados a internet forman parte de nuestras vidas y son de gran ayuda en multitud de sentidos, pero es cierto que su uso descontrolado puede crear una adicción. Hace años leí una noticia muy impactante, de esas que dan que pensar. Una familia había denunciado la desaparición de su hijo después de que estuviera perdido durante un fin de semana completo. Lo llamativo es que el niño estuvo todo ese tiempo en casa de un amigo jugando a videojuegos sin que los padres lo supieran. El chico no se había escapado, ni lo habían secuestrado, más bien había sido abducido por un videojuego. El confinamiento que encerró a gran parte de la población mundial durante la primavera de 2020, tuvo grandes repercusiones en la aparición de tecnoadicciones y en la salud mental de las personas. Es el claro ejemplo de cómo la falta de límites temporales y espaciales en el uso de la tecnología produce un trastorno.

Miedo a perderse algo

Se conoce como «*Fear Of Missing Out*» (y su acrónimo FOMO) a uno de los síntomas más evidentes de la adicción al móvil y a las redes sociales, y es **el miedo a perderse algo.** Según la Wikipedia, es «una aprensión generalizada de que otros podrían estar teniendo experiencias gratificantes de las cuales uno está ausente. Este tipo de ansiedad so-

cial se caracteriza por un deseo de estar continuamente conectado con lo que otros están haciendo». Normalmente, las
personas que tienen una adicción niegan que les esté ocurriendo algo así a ellos, sienten que lo tienen todo bajo control, pero **los síntomas suelen estar claros: incapacidad de
despegarse del teléfono, la consola o el ordenador, con lo
que solo se siente felicidad cuando se está realizando esa
actividad que les genera adicción, lo que lleva aparejada
la necesidad de dedicarle cada vez más y más tiempo.** Con
esto, las consecuencias llegan en forma de bajo rendimiento
escolar, aislamiento y mal humor cuando no están delante de
la pantalla, el juego o la red social que los mantiene engan-
chados. Como adultos educadores, nuestra función es la de
ser, además, científicos de las emociones. Ante el menor sín-
toma de una adicción, y ahora ya sabemos detectar cuáles
son, deberíamos actuar de inmediato.

En resumen

Antes de dejar a los niños utilizar consolas, móviles, tabletas
u ordenadores por primera vez, los padres deberían tener
claros cuáles son los límites y las normas de su uso para prevenir conflictos y adicciones no solo en el presente, sino sobre todo cuando llegue la adolescencia. Una buena manera
de tomar conciencia de ellos es firmando un contrato entre
padres e hijos cuando se les proporcione su primer móvil.
Pero, en cualquier caso, ser nosotros un modelo de uso para

ellos es desde luego la mejor manera de educar, empezando por aplicarnos los límites a nosotros mismos.

Las normas y límites en el uso de la tecnología incluyen espacios y tiempos. Cuanto más jóvenes sean los menores, más importante es que la consola o los dispositivos electrónicos los usen en espacios comunes bajo la presencia de un adulto que pueda estar atento a lo que comentan. Los menores no deberían tener un televisor, una consola o un ordenador en su habitación, porque además ahí se pierde el control del tiempo. Si los adultos educadores conviven con los jóvenes y la tecnología, habrá más oportunidades de acompañarlos y aconsejarlos. Además, se podrá limitar las horas que empleen estos dispositivos y evitar que sea lo último que hagan antes de irse a la cama o que les impida descansar las horas necesarias.

Otro aprendizaje importante es el de diferenciar lo virtual de lo real y aprender que las acciones en el mundo virtual tienen consecuencias en el mundo real. Por ejemplo, cuando en un videojuego compran cajas de recompensas, el dinero que están usando sale de la cuenta bancaria de los padres, no es dinero de juguete. Así que los adultos tienen que vigilar dónde quedan almacenados los números de sus tarjetas de crédito y a continuación borrarlos, si no quieren que se quede en la memoria del dispositivo.

Y en este contexto, también han de saber que los amigos virtuales son personas reales que a veces son de todo menos amigos. Por lo que una norma sería el no tener amigos virtuales que no se conozcan en la vida real y no compartir datos personales con esos amigos de juegos *online*.

Establecer normas y límites ayuda a prevenir conflictos y tecnoadicciones. Si no se han establecido esos límites, los jóvenes pueden llegar a presentar síntomas como incapacidad de despegarse del teléfono, la consola o el ordenador, que son lo único que les produce felicidad, y la necesidad de dedicarle cada vez más y más tiempo.

—

5.
Las redes sociales y las *apps* de mensajería instantánea

Manejamos a diario una gran variedad de redes sociales. Algunas de ellas, como TikTok, YouTube, Discord, BeReal o Snapchat, son muy populares entre los jóvenes, otras triunfan entre todos los públicos (Instagram, WhatsApp, Telegram, Pinterest), y otras como Facebook, X (Twitter) o LinkedIn prácticamente solo las usan los adultos, siendo el uso que hacen de ellas algo diferente al que practican los jóvenes. **Las redes sociales pueden servir para múltiples propósitos como pueden ser socialización, comunicación o información y aprendizaje, pero en realidad no son solamente eso, sino que están diseñadas para apelar a las emociones humanas.** En mi opinión, el abordaje de las redes sociales debe hacerse desde tres enfoques: el primero es precisamente el **emocional**, el segundo enfoque se dirigiría a **la imagen, marca personal o huella digital** que dejamos en las **redes sociales**, y el tercero tendría que ver con **la privacidad y la seguridad**. Para disfrutar de las redes sociales, como del resto de la tecnología, no deberíamos descuidar ninguno de esos tres aspectos.

El enfoque emocional

Marc Brackett, director del Centro para la Inteligencia Emocional de la Universidad de Yale y creador del muy recomendado programa de educación emocional bautizado como «RULER», reflexionaba en una entrevista publicada en el diario *El País* sobre las nuevas formas de comunicación que se producen por la influencia de las redes sociales. Comentaba Brackett que los adultos solo publicamos nuestros momentos de felicidad, valga como ejemplo que las madres publican las fotos de sus bebés cuando sonríen, no cuando lloran. Si otra madre ve esas imágenes cuando está agotada, triste o decaída, es probable que se sienta abrumada, o incluso piense que es una mala madre. **Si solo publicitamos la mejor versión de nosotros mismos, damos una imagen irreal que busca suprimir la expresión de las emociones que no están tan aceptadas socialmente.**

Los adolescentes, sin embargo, afirma Brackett, **hablan entre ellos de sus emociones más dolorosas, pero no las comparten con los adultos.** Al parecer, los adultos educadores no hemos incluido en nuestra relación con ellos la expresión de la tristeza o la ansiedad, y sin ese modelo no saben que pueden confiar en nosotros para que les ayudemos. Pero, ¿estamos acaso preparados para hacerlo? Expresar tristeza o ansiedad podría verse como un signo de debilidad, y para las generaciones previas a las Z y Alfa, conocidas a veces como «generación de cristal», la debilidad es molesta. Me parece curioso que se les conozca como «la generación de cristal» cuando en realidad expresar las emociones negativas es, desde mi punto de vista, mucho más valiente.

Cuando los niños y jóvenes se adentran en las redes sociales no es raro que encuentren las dos caras de la moneda. Por una parte, se exponen a imágenes idealizadas en las que solo se expresa felicidad, y, por otra parte, hallan expresiones de tristeza, depresión e incluso autolesiones. Las redes sociales permiten a cualquier adolescente, pertenezca a la tribu urbana que sea, compartir sus emociones, su vida, sus gustos, su estética y estilo reflejados en las ropas o «*outfits*» que se ponen. Existe al menos una tribu urbana, la conocida con el nombre de «emo», que es un claro ejemplo de grupo que comparte en redes sociales contenidos tristes o melancólicos. «Emos», y también «góticos», se caracterizan, entre otras cosas, por mostrar marcas en la piel como señas de identidad. Marcas que se realizan con quemaduras o cortes superficiales.

De media, los *centennials* pasan cuatro horas y media diarias en redes sociales, una cifra que supera a la de los *millennials*. Durante esas horas están expuestos a estímulos que activan en ellos un sinfín de emociones. Si para la mayoría de los adultos las redes sociales son un escaparate de la aparente felicidad de otros reflejada en forma de viajes, coches, regalos, cenas con amigos o cualquier expresión de gozo que los nacidos en la generación X no dudan en compartir, a fin de negar la tristeza, para un adolescente una red social es una muestra de ambas caras: felicidad y depresión. Creo que la mayoría de nosotros sabemos ser críticos con la expresión sesgada de la primera, pero no con la segunda. Somos conscientes, parafraseando a la doctora Julie Smith, psicóloga clínica, de que el césped no es más verde en el jardín de los demás, sino que le han aplicado un filtro, y es que antes de las redes sociales el *marketing* ya aplicaba el mismo principio. Podemos hacer frente a que nuestros conocidos compartan en Facebook únicamente lo bonito de sus vidas, pero no creo que estemos preparados para manejar la tristeza de otros. Y si no somos capaces de responder adecuadamente ante ella, no sabremos enseñar a los jóvenes a hacerlo. **Me parece que están desprovistos de herramientas que les ayuden a reaccionar y entender vídeos que, por desgracia, son frecuentes en las redes sociales, y en los que se ve a jóvenes que se autolesionan, tienen ideaciones suicidas o padecen trastornos psicológicos.**

Dicen que «la generación de cristal» es una generación sobreprotegida y malcriada, que no toleran la frustración y que están completamente consentidos por sus progenitores, pero también se dice de ellos que tienen mayor conciencia de la salud mental y de la importancia de la educación emocional y medioambiental. Definitivamente creo que, si le dan importancia a la educación emocional y a la salud mental, es porque la necesitan, porque efectivamente son frágiles en sus emociones y porque están expuestos a vivencias traumáticas que les hacen ser emocionalmente más intensos. Las redes sociales están contribuyendo en gran medida a que sus vidas sean tan complejas y a que sus emociones sean tan intensas.

Un consejo que da la doctora Smith en su página web y que debemos aplicarnos todos es que, si queremos ser felices en nuestro día a día, hagamos una desintoxicación de las redes sociales. Borrarnos de las redes sociales que nos hacen sentir mal o dejar de seguir a gente tóxica es un primer paso para tomar control de nuestra felicidad y para disfrutar de la tecnología. En el año 2015, cuando inicié la campaña «por la racionalización de los deberes», yo era una mamá más de un grupo de WhatsApp en el que de un día para otro pasé de ser invisible a ser el centro de atención. La campaña que inicié era bien vista por unas pocas madres y muy mal aceptada por otras. Para mí, esa campaña fue mucho más de lo que la gente puede imaginar, cambió mi vida para siempre y, lejos de lo que algunos pensaban, mi crítica a los deberes escolares y al sistema educativo no ha impedido que mis hijos sean buenos estudiantes y tengan éxito en su educación. Sin embargo, la tensión que se produjo en ese grupo me llevó a tomar la decisión de abandonar WhatsApp durante una temporada. Por suerte, tenía dos móviles y dos líneas de teléfono, y pude seguir usando una de ellas mientras desconecté los datos en el otro móvil. Años más tarde, mientras fui diputada en la Asamblea de Madrid, Twitter era la red social que peor me hacía sentir, pero tenía que estar en ella porque era prácticamente un requisito de mi posición, aunque, si hubiese podido, me habría evadido de ella.

En agosto de 2022 saltó la noticia de que el actor Tom Holland, conocido por su papel en las películas de Spiderman, abandonaba las redes sociales por razones de salud mental. Su argumento para renunciar a ellas fue que encontraba Twitter e Instagram sobreestimulantes y abrumadoras, y que entraba «en espiral» cuando leía noticias y menciones sobre sí mismo en internet. Estas cosas ocurren, y los niños y jóvenes, si no sienten que pueden confiar en los adultos educadores para confesar y compartir sus emociones más dolorosas, tal vez no tengan por sí solos la iniciativa necesaria para desintoxicarse o desconectarse de las redes sociales. Si una persona de calado público como Tom Holland, acostumbrado a dar una imagen y a tener miles de seguidores en las redes sociales, se ha visto en la necesidad de desintoxicarse, seguro que cualquier adolescente debe sentir la necesidad de desaparecer de alguna red social casi a diario.

El enfoque de la identidad digital

Decíamos al principio de este capítulo que el abordaje de las redes sociales debe hacerse desde tres enfoques. El enfoque emocional ya lo hemos tratado. El siguiente aspecto que deberíamos tratar es el de la identidad digital. **La identidad digital y la marca personal de un individuo la forman todo lo que se puede averiguar de una persona por medios digitales, haciendo uso de una búsqueda en cualquier motor o en las redes sociales. Digamos que es la imagen que cualquier persona pueda hacerse de otra por**

lo que averigüe en internet, basándose en lo que comparte en redes sociales, como las fotos, los comentarios que escribe, los artículos o los contenidos que difunda o genere. Forjar a conciencia la identidad digital y la reputación *online* debería ser muy importante para cualquier persona. En el mundo actual uno ya no solo se tiene que preocupar de su imagen física, de su buen hacer aquí y ahora, sino también de mantener una imagen digital impoluta. La identidad digital se nutre de muchas variables, entre ellas el conjunto de conexiones con las que uno se relacione en internet, ya que cualquiera puede contribuir a ella, etiquetándote o mencionándote en una publicación. Creo que, para entender la importancia de crear una buena identidad digital y reputación *online*, deberíamos ponernos en una situación hipotética: imaginemos que alguien está buscando información para ofrecernos una oportunidad laboral, ¿qué pensaría alguien que quiere contactar con nosotros y no nos conoce de nada si viera o leyera lo que estamos compartiendo?, ¿pensaría que somos personas de confianza?, ¿somos la persona que busca? **Existe una máxima en internet, relacionada con lo que se conoce como reglas de comportamiento o «netiqueta», que reza: «nunca hagas o digas en redes sociales u otros medios digitales algo que no harías en la vida real».**

Durante unos años, mientras mis hijos eran pequeños, necesitaba ayuda para llevarlos y traerlos del colegio o para pasar algunas horas con ellos. También quería que aprendieran a hablar inglés más allá de lo que les enseñaran en la escuela. Así que contactaba con *au pairs* del Reino Unido o Estados Unidos y, si todo funcionaba bien, acordábamos que vinieran a vivir con nosotros a nuestra vivienda. Esto duró unos seis años, lo mismo que la Educación Primaria de mi hija pequeña. Cuando localizaba a una chica que estaba interesada, antes de comprometerme con ella, buscaba sus redes sociales. Algunas no habían tenido la precaución de restringir sus perfiles de Facebook y todo lo que publicaban estaba visible a cualquiera que las pudiera localizar. Como madre de niños pequeños no quería dejar a mis hijos en manos de una joven que fumara, bebiera o saliera de fiesta más de lo aceptable, al menos para mí, y diría que los expertos en selección de personal hacen lo mismo. A este paso, gracias al *sharenting*, cuando vayan a decantarse por un candidato, podrán ver su vida en imágenes desde la primera ecografía de semana vigésima de embarazo y sabrán mucho sobre ellos con solo unos vistazos. La imagen que se crearán incluirá también a sus padres y amigos, quienes habrán contribuido a ella. Tendrán acceso a información privada que active sesgos o prejuicios y que les haga decidir si darle una oportunidad a ese candidato o no.

La privacidad y la seguridad

Por último, para concluir este capítulo, tal y como dijimos al principio, abordaremos las redes sociales desde el punto de vista de la privacidad y la seguridad. **Cuando se trata de**

menores, uno de los aspectos más importantes que deben comprobar los padres es la edad legal a la que pueden usar esa red social. En algunos países, como Irlanda o Reino Unido, la edad mínima es trece años. En España, sin embargo, existe un Real Decreto, que es el reglamento que desarrolla la Ley 15/1999 o «Ley de Protección de Datos», que fija esa edad en los catorce años. En el caso de que el joven sea menor de esa edad, necesitará autorización paterna para crearse una cuenta en una red social. En el portal gaptain.com se pueden encontrar la relación de redes sociales permitidas a partir de trece años con permiso paterno, entre las que se encuentran X (Twitter), Snapchat, YouTube y TikTok. No obstante, comprobar la edad legal y ser conscientes de que no les está permitido usar una red social hasta los trece o catorce años no va a evitar que un menor se abra una cuenta. A falta de mecanismos más potentes de comprobación de la edad, como la verificación del documento nacional de identidad (DNI) u otro documento acreditativo, los niños y adolescentes suelen falsear su edad. **Por eso, al fin y al cabo la estrategia debería ser, como explican en gaptain.com, formación mejor que imposición.** Acompañarlos y explicarles los riesgos es mucho mejor que prohibir lo inevitable. Como ya hemos comentado en otras ocasiones, se les puede prohibir usarlas hasta que tengan la edad adecuada, pero lo más probable es que lo único que consigamos sea que la usen a escondidas y nos perdamos la oportunidad de conocer esa mitad de su vida, la que ocurre *online*, y de educarlos en ese sentido.

Instagram

Una de las redes sociales más populares hoy en día entre los adolescentes es Instagram. Según el portal Statista cuenta con **1.478 millones de usuarios en el mundo**, y se sitúa por detrás de Facebook, YouTube y WhatsApp. Instagram no solo permite compartir fotos y vídeos, sino que además incluye multitud de filtros y herramientas de retoque de imágenes con resultados vistosos que la han popularizado enormemente. Para usar Instagram con seguridad, y en el caso de los menores es más que recomendable, lo que se aconseja es que se hagan una cuenta privada. Los jóvenes saben muy bien este punto, de hecho, tienen habitualmente dos cuentas: la privada y la pública. Con la cuenta privada el usuario acepta quién puede seguirlo y evita que personas desconocidas puedan ver sus publicaciones. **Cuando un menor comienza a usar redes sociales**, algo que los adultos educadores no se deben cansar nunca de repetir es que **solo contacten con personas que conozcan en la vida real**. Y mantener las cuentas privadas es un buen primer paso para cumplir con esa condición. Efectuar una selección de esas personas con la funcionalidad «mejores amigos» es también un aspecto importante. En cualquier caso, nada más crear una cuenta en una red social deberían revisar los ajustes de seguridad y privacidad, algo que pueden hacer acompañados de un adulto.

A veces, las pantallas dan una falsa sensación de libertad extrema. Algunas personas sienten que pueden hacer o decir cosas que no harían o dirían en la vida real, por eso, **los menores tienen que saber que la vida** *online* **y la vida real no son tan diferentes. Habría que explicarles una serie de condiciones, reglas y herramientas para que una red social no se convierta en algo tóxico para ellos o para los demás.** Estas podrían ser las reglas:

- No añadas a tu red a personas que no conozcas en la vida real.
- Sé cuidadoso con lo que publicas, piensa si alguien puede sentirse ofendido o si pueden utilizarlo para hacerte daño.
- Piénsalo muy bien antes de hacer un comentario. No escribas comentarios cuando estés enfadado, no seas impulsivo.
- Comparte fotos selectivamente. Al compartir una fotografía decide si dejarás que la vea todo aquel que te siga o prefieres seleccionar a las personas que la verán.
- No dudes en bloquear las cuentas que te molestan.
- Gestiona las etiquetas. Si te etiquetan en una foto y tu cuenta es privada no habrá problema, pero si tu cuenta es pública, gestiona esa etiqueta.
- En algunas redes sociales, como Instagram, sí hay vuelta atrás: puedes borrar algo que hayas publicado previamente si no te gusta o te has arrepentido.

Snapchat

Otra red social bastante popular, que nació hace ya más de una década, es Snapchat. No está situada tan arriba en el ranking de redes sociales, pero **entre los jóvenes de la generación Z, de trece a veinticuatro años, está muy extendida.** De hecho, el 60 % de sus usuarios está comprendido en ese margen de edad. Se sitúa, eso sí, por encima de Telegram, Pinterest y X (Twitter). Recuerdo que su lanzamiento vino envuelto en cierto revuelo porque la innovadora red social traía una propuesta rompedora: compartir imágenes con algo de texto y hacerlo efímero, sin la perpetuidad de otras redes sociales en las que no se podía borrar lo que habías publicado o en las que se pierde el control, ya que cualquiera puede descargarse una foto de otro usuario y hacer con ella lo que le venga en gana. Snapchat parecía poner una supuesta privacidad en la cima de su planteamiento: las imágenes de los usuarios no se podrían difundir. El recelo inicial que había hacia esta red social partía del hecho de que los menores podrían sentir la libertad de enviar fotografías que no enviarían de otro modo, con la certeza de que se borrarán y que nadie las verá, y por tal motivo podría encubrir perfectamente el *sexting*, el *grooming* o incluso el *bullying*, al no dejar pruebas de que alguien está haciendo daño a otra persona. Han pasado los años, y Snapchat ha crecido en usuarios a pesar de las críticas por lo difícil de su manejo y las polémicas por diversos filtros. La introducción de la «realidad aumentada» en sus funcionalidades le ha permitido hacerse un hueco.

No podríamos acabar este capítulo sin hablar de Whats-App. Aunque parece que todo está dicho sobre WhatsApp, yo me quedé muy sorprendida cuando mis hijos empezaron a utilizarla, en sexto de Primaria aproximadamente. Para mí, WhatsApp no entrañaba grandes riesgos de seguridad o privacidad, pero lo que ocurrió entonces fue que descubrí que para los menores era muy sencillo declarar su amor con un simple mensaje, pero también hacer el vacío a un compañero de clase y hacerle sentir mal, sin llegar a veces al *bullying*, pero sí despertando emociones muy desagradables. También vi que podían enviar chorradas sin parar y que los distraía de la vida *offline*, esa que implica hablar cara a cara con la familia o hacer los deberes.

WhatsApp

La *app* de mensajería instantánea más popular, Whats-App, ha evolucionado a red social, y como aplicación de mensajería nos permite estar conectados, comunicarnos rápidamente y hablar con cualquier persona esté donde esté. Ahora que mis hijos están estudiando en la universidad, con las videollamadas de WhatsApp siento que los tengo en la palma de mi mano y los llevo conmigo por toda la casa haciendo su ausencia más llevadera. En cualquier caso, sí que **presenta unos ajustes de privacidad mínimos que deberíamos revisar, ya que nos permiten seleccionar quién puede añadirnos a un grupo, quién puede ver**

nuestra ubicación en tiempo real o quién bloquear contactos.

Con esto, habríamos abordado las redes sociales desde tres enfoques diferentes, como decíamos al principio de este capítulo, el emocional, el de la huella digital y el de la privacidad y seguridad. **Quedaría un cuarto objetivo que cubrir en el abordaje de las redes sociales: el de la educación mediática**, pero dado que la necesidad de desarrollar el sentido crítico es común a toda la información que recibimos por medios digitales, lo trataremos en un capítulo exclusivo para ello. También han quedado muchas redes sociales sin tratar. Podríamos escribir un libro solamente dedicado a ellas, y no es desde luego el objetivo de esta obra, que se centra en comprender la oportunidad que nos brinda la tecnología y aprovecharla al máximo. Sin embargo, YouTube y TikTok creo que sí merece la pena conocerlas, así que hablaremos de ellas en el capítulo siguiente.

En resumen

Las redes sociales deben abordarse desde tres enfoques diferentes: el emocional, el de la huella digital y el de la privacidad y seguridad. En cuanto al aspecto emocional, no es ninguna sorpresa que las redes sociales están diseñadas para apelar a las emociones humanas. Los adultos acostumbran a enseñar su mejor versión, la que muestra que sus vidas son felices y perfectas. Habitualmente, las emociones que no están aceptadas socialmente no se airean en las redes sociales de los nacidos en la generación X.

Pero los adolescentes sí que hablan de sus emociones más dolorosas entre ellos, sin hacer partícipes a los adultos. Aparentemente, la relación entre ambas generaciones no incluye la expresión de la tristeza o la ansiedad, por lo que no creen que puedan confiar en los adultos educadores para tratar ese tipo de emociones, con la pérdida de oportunidad que esto supone, sobre todo si tenemos en cuenta que, de media, los *centennials* pasan cuatro horas y media diarias en redes sociales. Es importante detectar cuándo una red social nos hace sentir mal y ser capaces de desintoxicarnos, eliminando nuestra cuenta o dejando de seguir a personas o publicaciones concretas que nos hacen sentir mal.

Por otra parte, la identidad digital y la marca personal de un individuo las forma todo lo que se puede averiguar de alguien haciendo una búsqueda en internet. Para que la marca personal refleje una buena imagen de uno, hay que ser cuidadoso con la huella que se deja, esto es, las fotos que se comparten y todo lo que se escribe. Las reglas de «netiqueta» recomiendan no hacer o decir nunca en redes sociales algo que no se haría o diría en la vida real. La identidad digital es más importante de lo que se puede pensar, y el *sharenting* puede estar contribuyendo a crear una marca personal de los menores que les afecte en su vida adulta, incluso cuando vayan a buscar un empleo.

Por último, no hay que descuidar la privacidad y la seguridad de las redes sociales. Existe una edad mínima legal para ser usuario de una red social. No obstante, la mejor estrategia es que los adultos estén informados y entiendan los ajustes de seguridad y privacidad y orienten a los menores para que sean cautelosos. Algunas de las redes sociales más populares entre los adolescentes son Instagram, Snapchat y WhatsApp. Todas cuentan con ajustes de seguridad y privacidad que se deberían revisar. Esto es algo en lo que los adultos educadores podemos acompañar a los menores.

6.
Educación digital, emocional y mediática

¿Quién no ha recibido al menos un bulo o una noticia falsa? ¿Y quién recuerda por dónde le llegó esa mentira o desinformación? Durante los primeros meses de la pandemia de covid-19 eran tantas, tan frecuentes y llegaban por tantos medios que hasta los más escépticos llegaron a difundir vídeos que nada tenían que ver con la pandemia, convencidos de que se trataba de situaciones caóticas provocadas por el coronavirus. Vídeos que se difundían por redes sociales, con WhatsApp a la cabeza, contribuyendo más aún al caos y a la desinformación. En muchas ocasiones, se difundían imágenes anteriores a la pandemia, que nada tenían que ver con la situación provocada por el covid-19, para generar alarma en la población.

Cómo utilizar el sentido crítico con internet y las redes sociales ante las noticias falsas

Para adentrarse en el mundo digital hay que hacerlo contando con una serie de herramientas y estar preparado emocionalmente, aunque habitualmente esto no es algo que nos preocupe ni a los adultos ni mucho menos a los menores. La mayoría de los usuarios de redes sociales e internet no son en absoluto conscientes de que necesiten estar preparados para usar sus móviles en esos entornos. Es cierto que nadie nos ha dicho nunca que tengamos que estarlo, no tenemos que sacarnos un carnet de internauta, como quien se saca el carnet de conducir. **Una de las habilidades o competencias más necesarias para que la información no nos ciegue es el sentido crítico.** Nos ha tocado vivir en una época maravillosa de grandes avances tecnológicos que nos impide mantenernos en esa zona de confort en la que las generaciones anteriores vivían, exentos como estaban de la necesidad de desarrollar habilidades para el mundo digital.

Los bulos han alcanzado un nivel de sofisticación tan alto que ya no deberíamos confiar en lo que vemos en una pantalla. El viejo dicho «ver para creer» ha quedado totalmente obsoleto. **La inteligencia artificial (IA), y en concreto el aprendizaje profundo o *deep learning*, pueden hacernos creer secuencias de vídeo o imágenes totalmente falsas, que es lo que se conoce como *deepfakes*.** Aunque también hay que apuntar que no todos los *deepfakes* tienen la intención de engañar, y, por lo tanto, no debemos asociar este término con algo puramente negativo. Como el resto de la tecnología, y sin perder de vista el objetivo de este libro, debemos comprender las oportunidades que brindan avances como este. Existen *deepfakes* muy curiosos con políticos como protagonistas o actores famosos, y hay incluso secuencias de películas evidentemente retocadas. Por ejemplo, podemos encontrar en YouTube la cara de Jim Carrey en sustitución de la de Jack Nicholson en una secuencia de la película *El resplandor*. El resultado es asombroso, y su intención no es ni mucho menos la de engañar a nadie, porque todo el mundo sabe que Carrey no interpretó originalmente esa película.

Lo que no es tan común es ver a personas anónimas en vídeos elaborados con *deepfakes* diciendo algo que nunca dirían. En esto consistió precisamente la campaña de la marca de jabones Dove, que lanzó con el hashtag *#DetoxYourFeed*. La campaña trata de concienciar a las niñas y a sus progenitores de que se deben alejar de la llamada «belleza tóxica», y para ello, a modo de experimento social, invitaron a conversar a madres (generación X) e hijas (*centennials*) acerca de los mensajes que aparecen en los *«feeds»* de las redes sociales de las chicas. El *deepfake* consiguió poner en boca de las madres palabras tóxicas acerca de la belleza, lo que generó en ellas un gran estupor en el momento en el que lo visualizaron. Cuando vieron sus labios pronunciando frases dañinas que afectaban la autoestima de sus hijas, tomaron plena conciencia del daño que las redes sociales pueden causar sobre ellas. **Hay que ser muy fuerte, estar bien preparado,**

contar con una buena autoestima, sentido crítico e incluso resiliencia para sobrevivir a las redes sociales siendo joven. Da igual que seas chico o chica, los cánones de belleza irreales hacen daño a todos.

Según una investigación de la Universidad Carlos III de Madrid, en la que participaron 1.651 estudiantes de la ESO, las redes sociales son su plataforma preferida para consumir noticias con un porcentaje del 55,5 %, seguida de la televisión, con un 29,1 %, mientras que un 7,9 % de los estudiantes afirmaba informarse únicamente por su familia o grupos de iguales, un 6,5 % consultaba periódicos digitales y un 1 % decía que se informaba escuchando las noticias de la radio. Por otra parte, de acuerdo con el estudio Audience Origin, de Wavemaker, **la generación Z usa principalmente estas tres redes sociales: WhatsApp, YouTube e Instagram.** Hay una cuarta red social que, dependiendo del país, sería Snapchat o X (Twitter), que consigue meterse en el podio de las tres más usadas. Sin embargo, en España, **por detrás de las tres anteriores, se sitúa TikTok. Con todo esto, la manera en la que los jóvenes aborden la información que reciben en tres o cuatro redes sociales es determinante.**

Justo en plena pandemia, en verano del año 2020, **TikTok** se convirtió en una fuente de información y entretenimiento para muchos jóvenes. Antes de 2017 no existía esta red social, ya que surgió tras la compra de Musical.ly por una compañía china, y desapareció definitivamente en 2018. Musical.ly se centraba en la creación de breves vídeos musicales, pero TikTok llevó el concepto más allá. Empezó a resultarme llamativo el efecto que producía esta plataforma en la manera de pensar de mis hijos cuando las discusiones sobre el feminismo, la política, el racismo o la transfobia se colaban en nuestras conversaciones familiares de sobremesa. ¿Por qué de repente se cuestionaban estos temas? Evidentemente, TikTok tenía mucho que ver.

En TikTok se pueden encontrar vídeos de chicos o chicas transmitiendo mensajes machistas que apestan a transfobia, homofobia o a propaganda populista. Y es importante destacar esa cercanía en edad al consumidor del vídeo, porque lo que difícilmente se conseguiría que los adolescentes escucharan viniendo de un adulto, se logra que lo asimilen tal cual cuando quien se lo cuenta es un *tiktoker*, un adolescente como ellos que ha logrado convertirse en su referente. De esta manera, frecuentemente los chavales se exponen a contenidos que les inculcan ideas equivocadas sobre el feminismo, la sexualidad o incluso el franquismo.

Creo que las redes sociales no son el lugar en el que las nuevas generaciones tienen que formarse una opinión sobre temas tan importantes. Es difícil que a esas edades estén preparados para analizar críticamente lo que les cuentan en medios digitales, por lo que hay que tomar conciencia, como adultos educadores que somos, de cómo algunos contenidos están moldeando sus opiniones, algo que ocurre intencionadamente, siendo el uso de estas redes sociales una estrategia muy pensada y utilizada por ciertos grupos de interés.

TikTok ha pasado incluso a formar parte de la guerra comercial entre Estados Unidos y China, y es que las razones del Gobierno estadounidense para prohibir esta aplicación no se basan únicamente en la supuesta necesidad de proteger a los menores, quienes se ven fácilmente expuestos a imágenes que transmiten mensajes que polarizan —por su radicalidad—, influyen sobre ellos e incluso los informan erróneamente en contra de lo que hayan aprendido en casa o en la escuela. Esta no es la manera en la que se debe educar a los niños y a las niñas si queremos que sean ciudadanos comprometidos por mejorar la sociedad en la que viven. Cuando se encuentren con ese tipo de vídeos deben ser capaces de reflexionar sobre lo que están viendo y escuchando, para que se formen opiniones respetuosas, fundamentadas y realistas. Fomentar en ellos la responsabilidad social, el sentido de la iniciativa y el pensamiento crítico es fundamental. No podemos permitir que TikTok o cualquier red social reemplace la buena educación que nos esforzamos en proporcionar a los más jóvenes desde la familia y la escuela.

Cómo y dónde verificar una noticia

Newtral

La periodista Ana Pastor, pionera en la verificación periodística en España, es la fundadora de la web Newtral, un medio digital dedicado precisamente a luchar contra la desinformación. **Las pautas y recomendaciones de Newtral para saber si una información que nos llega es un bulo o no son las siguientes:**

1. Siempre hay que fijarse en quién publica la noticia. El hecho de que haya sido compartida muchas veces no significa que sea cierta. Es necesario investigar cuál es la fuente y si ofrece credibilidad.

2. Comprobar que el texto dice lo mismo que el titular. A veces el titular pretende captar la atención del lector, pero luego no se corresponde con lo que dice el contenido de la noticia.

3. Cuidado también con los titulares alarmistas, llamativos o que mencionan a personajes famosos o utilizan una foto impactante. Son titulares que buscan lo que se conoce como *clickbait*, es decir, quieren que el lector pinche a toda costa en la noticia. La mayoría de las *fake news* utilizan este tipo de reclamos.

4. Desconfiar de las capturas de noticias que no incluyan el *link* a la información original.

5. Cuidado con los medios satíricos como *El Mundo Today*. A veces se puede llegar a pensar que una noticia humorística es real.

6. Hay que ser receloso con las informaciones que pidan datos personales, como promesas de cupones o descuentos. Pueden ser una estafa.

7. Prestar atención a los vídeos y audios cuya autoría no esté clara. Durante la crisis inicial por la pandemia

del coronavirus, WhatsApp se llenó de vídeos y mensajes de audio de supuestos médicos dando falsas recomendaciones o difundiendo bulos y desinformación.

8. No se deben seguir recomendaciones médicas o sanitarias que no vengan de una fuente oficial, ya que podrían provenir de un caso de suplantación de esa fuente. A los mensajes de fuentes no oficiales no se les debe dar credibilidad, ni mucho menos contribuir a que se esparzan.

Herramientas gratuitas que nos ayudan a verificar

Además de seguir esos consejos y consultar la propia página de Newtral, también podemos comprobar si la información que recibimos es cierta recurriendo a la página web de maldita.es, snopes.com o a la Oficina de Seguridad del Internauta (OSI.es). Existen adicionalmente una serie de herramientas gratuitas que nos ayudan a verificar hechos, imágenes, noticias o información que nos parezcan sospechosos. Google ofrece lo que se conoce como Google Fact Check Tools. Haciendo uso de esta herramienta se puede comprobar por ejemplo cuántas noticias falsas se difundieron tras la derrota de la Selección Española de Fútbol en el Mundial de Qatar de diciembre de 2022 ante Marruecos. Las regiones españolas con mayor población marroquí son Cataluña, Andalucía y la Región de Murcia, así que no podían faltar noticias falsas con titulares como los siguientes: «Hinchas marroquíes matan a un aficionado español en la localidad de Cartagena (Murcia)» o «La alcaldesa de Vic (provincia de Barcelona) ofreció la plaza Mayor a los musulmanes para que celebrasen su fiesta del sacrificio si Marruecos ganaba a España en el Mundial de Fútbol». Noticias totalmente falsas que fomentan el rechazo a la población marroquí que reside en España.

Adicionalmente, existen otras herramientas de verificación interesantes que podemos utilizar. Por ejemplo, si dudamos de la veracidad de una fotografía, podemos ir a Google Imágenes (https://www.google.com/imghp) e introducir la imagen que sospechamos puede ser un montaje. Para ello, hacemos clic en el icono de la cámara y escogemos entre una de las dos posibilidades que ofrece, es decir, introducir el enlace o subir el archivo. Aparecerán los resultados que más se asemejan a la imagen en cuestión, lo que permite comprobar, por ejemplo, si la imagen fue tomada con anterioridad a la fecha de la noticia o a la información difundida. Esto es importante, porque una práctica muy común es utilizar imágenes antiguas como si fueran actuales. Por otra parte, si la noticia ya se ha desmentido y corroborado que es falsa, con esta comprobación aparecerán los enlaces de los medios que ya hayan realizado la verificación, como newtral.es, maldita.es o snopes.com.

Por otro lado, **la web TinEye permite averiguar cuándo se subió una imagen a internet por primera vez, lo cual sirve para desarmar los montajes que ubican a una**

fotografía en una fecha falsa. Se accede a esta herramienta desde la *url* siguiente: https://www.tineye.com y se sube la imagen o introduce el *link* de esta. Aparecerán distintas formas de ordenar los resultados, siendo una de ellas la opción *oldest* o más antigua.

Para la verificación de vídeos podemos utilizar InVID Video, una herramienta de la agencia France-Presse que aporta una serie de datos clave para verificar una secuencia de imágenes. Permite verificar un enlace a un vídeo de YouTube, Facebook o X (Twitter) y analizarlo desde diferentes puntos de vista. YouTube es sin duda la red social de los vídeos, y, por tanto, habrá muchos cuyo contenido sea dudoso, pero también debemos asegurar que sean adecuados para menores cuando son estos los usuarios.

YouTube, la mayor plataforma de vídeos del mundo

YouTube, que fue adquirida por Google en el año 2006, ha creado su propia versión para niños, pero, evidentemente, y como ya dijimos en el capítulo anterior, la formación es ineludible, ya que la imposición no siempre va a funcionar. No es sencillo mantener alejados a los niños de la «versión completa de YouTube», así que confiar en que estarán protegidos si usan la versión para niños es un tanto naif. **El fenómeno YouTube es tal que no es raro que cuando se le pregunta a un niño de la generación Alfa qué quiere ser de mayor su respuesta sea «*youtuber*». Así que hay que**

prestar atención no solo a lo que consumen, sino también a lo que producen, suben y comparten, ya que es muy probable que traten de imitar a estos nuevos ídolos con los que se identifican.

Los youtubers

El éxito de los *youtubers* de hecho está muy relacionado precisamente con ese efecto de identificación. Los niños y adolescentes los perciben próximos, accesibles y cercanos. Pueden interactuar con ellos, lo que los hace alcanzables y los baja de la esfera del ídolo con el que no se puede contactar, como pueden ser los actores, cantantes o jugadores de fútbol. Además, la imagen que transmiten de persona desenfadada, que con poco esfuerzo ha conseguido éxito, dinero y fama, suele resultar muy atractiva para los jóvenes. Los adultos educadores ya no podemos limitarnos a recordar el nombre de algún futbolista, actor, actriz, grupo de música o cantante que les guste a nuestros hijos para demostrar nuestro interés por su mundo y por sus gustos, y, por tanto, no vale solamente con saber quiénes son Rosalía, Millie Bobby Brown o el futbolista del FC Barcelona Gavi, ahora hay que saber también quiénes son El Rubius, VEGETTA777 o AuronPlay. Esto es lo que hay, nos guste o no, y darle la espalda a esta realidad, ridiculizarla o prohibirla no nos va a convertir en mejores padres, madres o educadores en general.

YouTube para menores de 13 años: YouTube Kids

YouTube, como el resto de las redes sociales, se puede utilizar bien o mal. Puede ser educativo, informativo e ins-
tructivo o no. La cantidad de posibilidades que ofrece es
desproporcionada, y es sin duda mucho mejor utilizarlo
correctamente que intentar que los niños se mantengan alejados de esta red social. Google ha puesto soluciones para
que los menores de trece o catorce años puedan utilizarla de
manera «controlada», al menos hasta que superen los catorce
años. Antes de esa edad, las opciones pasan por utilizar la *app*
de Google Family Link, que permite supervisar las cuentas de
los menores de catorce años. Y para menores de trece años
existe la versión para niños: YouTube Kids.

Las emociones que producen en el espectador

**Las emociones que surgen al ver vídeos, ya sean de You-
Tube o no, o ante algunas noticias, al leer o recibir un
comentario en una red social, visitar páginas de internet
o simplemente al navegar por las redes sociales, pueden
ser abrumadoras. Es importante abordar las situaciones
con tolerancia, sabiendo poner en práctica una buena
autorregulación.** La psicóloga Silvia Álava propone tres pasos: identificar lo que sentimos cuando leemos eso que nos
ha despertado una emoción inesperada, elegir adecuadamente el momento para expresarnos y pensar si diríamos o

haríamos lo mismo en caso de que la situación ocurriera físicamente. Las noticias hay que analizarlas como si fuéramos científicos, para contrastar y validar lo que sea realmente interesante, coherente o útil y descartar todo lo demás, siendo conscientes de cómo nos hace sentir lo que vemos o escuchamos en las redes sociales.

Los medios digitales y la información que recibimos gracias a ellos desatan una serie de emociones en las personas, y por ello la alfabetización digital no podría estar completa sin introducir también la alfabetización mediática y por supuesto la educación emocional. Podríamos decir que se ha impuesto la necesidad de una nueva educación que aglutina tres tipos de competencias. Del mismo modo que se ha hecho necesaria la educación STEM (*Science, Technology, Engineering and Mathematics*), es necesaria una educación DEM (Digital, Emocional y Mediática) como consecuencia de la irrupción de internet, las redes sociales y los dispositivos electrónicos.

En resumen

Para navegar por el mundo digital y abordar correctamente los bulos, las *fake news* o los *deepfakes*, todos, jóvenes y adultos, necesitamos contar con sentido crítico. Pero no solo es necesario saber discernir montajes y falsedades de hechos reales, sino también contar con resiliencia y una buena autoestima. Las redes sociales muestran una imagen idealizada del cuerpo y del estilo de vida de las personas que afecta emocionalmente a los más vulnerables.

Las redes sociales, como WhatsApp, YouTube, Instagram y TikTok, son para bien o para mal la principal fuente de información de los jóvenes. Aunque tal vez no sea este el lugar de referencia para formarse opiniones, sobre todo cuando se trata de temas importantes con trasfondo político y social. A edades tempranas, difícilmente contarán con habilidades para analizar de manera crítica la información, y lo que vean en las redes sociales acabará moldeando sus opiniones, a veces en contra incluso de lo que aprenden en casa o en la escuela. Por suerte, existen a nuestra disposición herramientas como Newtral, maldita.es, snopes, TinEye, InVID o «la oficina de seguridad del internauta» que nos ayudan a desmontar bulos e imágenes falsas.

Muchos niños y jóvenes quieren ser *youtubers*, lo que los lleva no solo a consumir, sino a imitarlos produciendo vídeos, que pueden ser o no afortunados. Exponerse públicamente en formato vídeo tiene una carga emocional muy importante. Lidiar con las reacciones de otras personas en las redes sociales no es sencillo y puede llegar a hacer mucho daño. Aquí es donde entra en juego la autorregulación emocional. La alfabetización digital, como hemos visto, no estaría completa sin la educación emocional y mediática, de ahí que sea necesario potenciar la educación DEM (Digital, Emocional y Mediática).

7.
Disfrutar de la tecnología

La tecnología debería estar siempre a nuestro servicio, y no al revés. Si es motivo de discusiones entre los miembros de la familia, si interrumpe las clases y el clima de convivencia en el aula, si nos aleja de las personas que queremos, nos roba horas de sueño y descanso, nos produce ansiedad o nos impide ser felices, entonces la tecnología ha perdido su propósito. Para disfrutar de una tableta o un *smartphone* debemos ser conscientes de que su uso puede entrañar algunos riesgos y tenemos que aprender a evitarlos. Conducir un coche entraña riesgos, viajar en avión también, e incluso utilizar cualquier aparato eléctrico. Las medidas de seguridad son necesarias para mitigar esos riesgos y que la experiencia de conducir un coche, volar o utilizar una tostadora sean lo más seguras posible. A estas alturas del libro confío en que hayamos adquirido la concienciación necesaria para usar los dispositivos, aplicaciones y redes sociales de manera segura.

El rechazo a la tecnología y al progreso

Es cierto que caer en la demonización es fácil. **Siempre ha habido detractores de la tecnología, tecnófobos, neoluditas,**[1] **que solo pueden prever un futuro negro y catastrófico por culpa de las grandes innovaciones tecnológicas.** Como explica el doctor Jordan Shapiro, profesor, conferenciante y autor, en su libro *The New Childhood. Raising Kids to Thrive in a Connected World* («La nueva infancia. Cómo educar a los niños para que prosperen en un mundo conectado»), incluso la introducción del lenguaje escrito fue objeto de grandes críticas. Y entre sus principales críticos se encontraba el propio Sócrates. Afortunadamente, su pupilo, Platón, no opinaba lo mismo y recogió por escrito los pensamientos de su maestro.

En pleno siglo XXI nos llegan noticias de los famosos gurús tecnológicos de Silicon Valley como referentes en la prohibición de la tecnología en sus propios hogares, llevan a sus hijos a colegios de pedagogía Waldorf en los que no existen las pantallas y ponen límites al uso de la tecnología a los miembros de su familia, a las niñeras de sus hijos y a ellos mismos. No debería ser de otra manera, ni debería extrañarnos. Ya sabemos lo adictivas que pueden llegar a ser algunas

---

1. Neoludita: persona que rechaza el progreso y la tecnología. El término original, «ludita», proviene del nombre del obrero inglés Ned Ludd, que en la Inglaterra de finales del siglo XVIII rompió en una fábrica textil varios telares que sustituían en gran parte la mano de obra y dejaba a numerosos trabajadores en el paro.

aplicaciones, como las redes sociales o ciertos videojuegos, y los efectos que pueden producir en la salud y el bienestar emocional.

Sin embargo, Jordan Shapiro, en su libro, el cual respalda Howard Gardner, el reconocido psicólogo que ha formulado «la teoría de las inteligencias múltiples», afirma que **hay que darle un móvil a un niño antes de los trece años, cuando todavía se deja aconsejar**. Comparto esa opinión, pero siempre que los padres y los adultos educadores que rodean al niño sean competentes en educación DEM (Digital, Emocional y Mediática). Unos educadores negligentes lo serán en todos los ámbitos, y desde luego dejar a un niño abandonado con acceso ilimitado a las redes sociales no tendrá ningún efecto positivo. **La palabra clave de esa afirmación de Shapiro es el verbo «aconsejar». Si se le da un móvil a un niño, hay que aconsejarlo y acompañarlo en su aprendizaje.** Así disfrutaremos todos de la tecnología.

El neoludismo (o rechazo a la tecnología)

Me parece fundamental entender las oportunidades que brinda la tecnología y no caer en la demonización que tan extendida está entre los educadores y los medios de comunicación. **Existe incluso un movimiento social, ideología o corriente filosófica denominado «neoludismo» que parte del principio de rechazo en lo que se refiere a la introducción y uso de nuevas tecnologías y al desarrollo**

tecnológico. Aunque ser precavido nunca está de más, para algunos, más que precaución, se trata de rechazo. Y de ahí que el término se haya extendido para llamar «neoluditas» a los tecnófobos y a aquellos que son grandes detractores de los avances tecnológicos. La solución fácil para evitar los riesgos suele ser efectivamente el rechazo y la prohibición, pero si aprendemos a usar los dispositivos correctamente podremos disfrutar de las ventajas que nos ofrecen. A veces nos da pereza, y nos respaldamos en excusas para no actualizarnos o para no aprender, e incluso hay quienes «se autocalifican como negados para la tecnología». Sin embargo, los dispositivos y las aplicaciones son cada vez más intuitivos y fáciles de usar, por lo que las excusas empiezan a sobrar.

En este punto del libro el lector ya conoce los peligros, las normas, límites y medidas de seguridad. **Partiendo de esta concienciación, creo que ha llegado el momento de disfrutar de lo que la tecnología nos ofrece: comunicación, herramientas de productividad y colaboración, ocio y entretenimiento, *networking*, aprendizaje *online*, diseño, neobancos, etc.**

El éxito de internet y todo lo que ha llegado con la red de redes tiene parte de sus orígenes en la World Wide Web que el físico británico Tim Berners-Lee puso en marcha en el CERN (el laboratorio de física más grande del mundo) de Suiza como herramienta para los científicos que trabajaban en ese centro de investigación. Era el año 1989, y recuerdo que pocos años más tarde, mientras estudiaba la carrera, la red de redes llegó a los ordenadores de mi universidad y me producía una curiosidad inmensa. Leía artículos sobre la famosa telaraña y los incipientes buscadores sin entender del todo para qué servirían ni cómo impactarían en mi día a día y en toda la sociedad. Unos veinte años más tarde, gracias a la World Wide Web, inicié la campaña por la racionalización de los deberes que cambió mi vida totalmente. Change.org presume de empoderar a las personas, y vaya si lo hace. Pero no olvidemos que lo hace gracias a internet.

Cómo nos ayuda la tecnología en el día a día

Si hay **una utilidad de la tecnología** que quiero destacar sobre todas las demás es **la referente a la comunicación**. No en vano soy ingeniera de Telecomunicaciones, y si algo me gusta de mi carrera y de su nombre es, precisamente, el final de la palabra: «comunicaciones». **La tecnología nos permite comunicarnos, por escrito, con audio o con vídeo. Los móviles y los ordenadores nos facilitan y nos dan oportunidades a cada uno de nosotros de comunicarnos en el modo en que mejor nos expresamos o que mejor se adapta a nuestras circunstancias. Con tantas herramientas como tenemos a nuestro alcance, tanto a nivel personal como profesional, comunicarnos debería ser más fácil que nunca.** Personalmente, me gusta escribir, y si no fuera por los ordenadores y los procesadores de texto, no creo que hubiese escrito tantos artículos, ni este libro, ni tampoco los dos anteriores. Ni por supuesto habría podido dar a conocerlos con tanta repercusión. ¿Dónde iba a publicar mis artículos escritos?, ¿qué alcance habría podido tener un blog sin internet? Además, no me resulta tan sencillo escribir sobre papel como teclear en mi portátil, así que gracias a la tecnología puedo expresarme y comunicarme con mayor facilidad.

Cuando mis hijos eran pequeños, una de nuestras *au pairs* les enseñó una página de la BBC dirigida a niños en la que podían practicar mecanografía y aprender así a escribir ágilmente en un ordenador. Este es un claro ejemplo de cómo podemos aconsejar, acompañar y educar digitalmente a los jóvenes. Si les negamos usar un ordenador, ¿cómo van a aprender a mecanografiar, por ejemplo? **Tenemos que disociar tecnología de redes sociales, videojuegos, procrastinación o adicción. Sabemos que no siempre se utiliza bien, pero podemos ser referentes en el uso adecuado y disfrutar de lo que nos ofrece.** Somos adultos educadores y lo digital no queda fuera de nuestra competencia.

Antes de los trece años, cuando los niños aún se dejan aconsejar, podemos por ejemplo enseñar a los chicos y chicas a redactar correctamente un correo electrónico, y no solo en cuanto a estilo. También a usar los campos «cc» (copia) y «cco» (copia oculta). Me sorprendió cuando, en el período de tiempo que fui profesora de Secundaria, mis alumnos de dieciséis años desconocían cómo enviar un correo con copia oculta; simplemente no sabían de la existencia de esa funcionalidad. Uno piensa que la generación Z lo sabe todo sobre el mundo digital, pero no es así, tienen muchas carencias. Comunicarse correctamente es una habilidad muy útil en todos los contextos, no solo en el laboral. ¿Alguien se imagina una oficina sin ordenadores, sin correo electrónico, sin mensajería instantánea...? ¿Por qué íbamos a dejar de enviar mensajes de texto con lo que nos facilitan la vida? ¿Acaso dejaríamos de usar la lavadora y volveríamos a lavar a mano? Si nos encontramos con un tecnófobo podemos hacerle estas preguntas y abrir el debate.

Utilidades de Google Drive

Comunicarnos mediante la tecnología nos hace la vida más fácil. Y también las numerosas herramientas de productividad y colaboración que nos ayudan a organizar nuestro día a día. A nivel profesional existen muchas, pero también nos resultan útiles a nivel personal. Por ejemplo, para quienes tenemos teléfonos Android, disponer de Google Drive en el móvil es muy útil, para almacenar correctamente los documentos y la información que deseamos tener a mano, localizar un archivo es cuestión de segundos, etc. Hace poco, mi familia y yo estábamos de viaje y compramos unos billetes con descuento marcando que poseemos el título de familia numerosa. Pero cuando fuimos a hacer uso de los billetes nos lo pidieron y nos dimos cuenta de que no teníamos ese documento con nosotros. Lo localicé rápidamente en mi Google Drive, lo mostré y lo envié por correo electrónico al email que me indicaron.

Problema resuelto, sin estrés, sin perder tiempo y sin sufrir. Y si además compartimos las carpetas en las que tenemos los documentos que podemos necesitar cuando estemos fuera de casa con nuestra pareja o nuestros hijos, y están al tanto de que lo pueden encontrar en Google Drive, estaremos colaborando y fomentando también su productividad y disfrute de la tecnología. Usar la nube para trabajar y disponer de los archivos en cualquier dispositivo supone una ventaja enorme. Yo disfruto de ello, sinceramente.

La revolución de lo *online*

La tecnología ha revolucionado la forma en la que vivimos. Debemos aceptarlo y disfrutarlo. **Ya no hacemos nada de la misma manera que hace veinte años. No compramos igual, no trabajamos igual, no nos comunicamos igual, no nos relacionamos igual. Las relaciones profesionales, de amistad o de pareja se han visto también afectadas por la tecnología.** Se puede buscar pareja usando una «aplicación de citas», encontrar un nuevo trabajo, buscar un empleado o conectar con gente de cualquier parte del mundo. A mí, personalmente, me parece maravilloso tener la oportunidad de contactar con personas de otro país con quien compartes intereses, seguir sus publicaciones y comprender los hallazgos de sus investigaciones. Por poner un ejemplo, mientras escribo este libro he contactado con el doctor Shapiro por LinkedIn, y así podré seguir su trabajo de cerca.

Tampoco ahorramos ni gastamos igual. La tecnología ha cambiado también el concepto de banco. Se puede ahorrar mucho dinero en comisiones siendo cliente de un neobanco. Las tarjetas de débito digitales, VISA o Mastercard, han sido para mí todo un descubrimiento cuando he viajado fuera de Europa y he tenido que pagar en otra divisa. Además de facilitar mucho las transferencias de dinero a los hijos cuando se marchan de casa o simplemente para que puedan pagar sus cosas sin llevar efectivo encima.

Por otra parte, la cantidad de oportunidades de aprendizaje que tenemos a nuestro alcance actualmente gracias a internet no tiene precedente. **Se ha democratizado el acceso a contenidos, cursos, artículos y revistas que ayudan a saciar la curiosidad de muchas personas y a profundizar en aquello que nos interesa.** El físico y profesor de Tecnología Educativa de la Universidad de Newcastle en Inglaterra, Sugata Mitra, llevó a cabo un experimento en la India que demuestra cómo simplemente usando un ordenador los niños pueden aprender. Su experimento se llamó «El agujero en la pared» («*the hole in the wall*») y consistió en instalar ordenadores en unos quioscos cerca de colegios de barrios pobres de la India. El experimento tenía por objetivo demostrar que los niños podían aprender usando computadores sin necesidad de entrenamiento formal. Es lo que Mitra llama «Educación Mínimamente Invasiva». Desde ese primer agujero en la pared en el año 1989 se han instalado muchos más quioscos en la India y en Camboya, y el proyecto ha sido reconocido con varios premios. **Tal vez a los**

hijos de los grandes gurús de Silicon Valley, a lo que no les falta de nada, haya que restringirles el uso de la tecnología, pero eso no la convierte en una herramienta que haya que prohibir. Las oportunidades que brinda a otras personas sin el acceso a la educación que tienen los más afortunados no son para nada desdeñables.

Utilidades de la tecnología actual

¿Quién no ha organizado alguna vez unas vacaciones o ha llevado a cabo una reforma o cualquier otro proyecto personal? Para esos proyectos en los que hay que realizar muchas tareas y organizar todo al detalle, yo uso **Trello**. En Trello se pueden crear listas o tableros en los que dejar constancia de las tareas pendientes, las que están hechas o las que están bloqueadas, por ejemplo. ¿Estáis cansados de llevar un montón de tarjetas de fidelización en la cartera? Usad **Wallet** para tenerlas todas en el móvil. ¿Queréis hacer un panfleto, un dosier, una invitación o una infografía? **Canva** es la herramienta perfecta. Empecé a usarla para hacer invitaciones de cumpleaños a las fiestas de los niños, y he acabado utilizándola para temas profesionales. Por el camino, mis hijos también le han cogido el gusto y la usan en sus proyectos del instituto o la universidad. **Abordando la tecnología con mentalidad de crecimiento y flexibilidad no solo nos beneficiamos nosotros mismos, sino que también educamos mejor a los jóvenes.** Si todas estas utilidades no os hacen la vida más fácil, como la lavadora o el coche, y os dan motivo de disfrute, entonces aceptaré que la tecnología no es para vosotros.

Quienes posean una mentalidad de crecimiento podrán mejorar sus habilidades gracias al esfuerzo y al entrenamiento. La inteligencia y el talento pueden desarrollarse con el tiempo si abordamos los retos de esa manera. La tecnología es un reto para muchas personas, y educar es un reto igual de significativo o incluso mayor. **Por tanto, educar en lo digital es un doble reto que solo se puede abordar con mentalidad de crecimiento, y, por el contrario, adultos educadores con mentalidad fija no podrán enfrentarse a la educación DEM (Digital, Emocional y Mediática) sin caer en el neoludismo, en el rechazo a la tecnología.**

Una de las facetas de la tecnología que más disfrutan niños y jóvenes son los videojuegos. El ocio, los contenidos, vídeos, series, *e-sports*, han sufrido una gran transformación e impulso tras el confinamiento al que muchas personas alrededor del mundo nos vimos sometidas en la primavera de 2020. Me parece importante adquirir videojuegos conscientemente y respetando la clasificación por edades —esto último es de vital importancia—, sobre todo si se va a dejar a los niños jugar a solas. Hay padres y madres que se implican más y juegan con sus hijos, lo cual es una manera estupenda de conocer y juzgar de primera mano los videojuegos, además de conectar con los niños. ¿Son tan malos como los pintan? El doctor Shapiro dedica un capítulo de su libro al nuevo modelo de tiempo de ocio o juego («*the new playtime*»). El mensaje con el que nos quedamos al leerlo es esperanzador. Desde luego,

la mayoría de los padres no se equivocan al tratar de que sus hijos sigan jugando, socializando, poniendo a prueba sus funciones ejecutivas y aprendiendo a autorregularse en contextos diferentes al de las pantallas. Los videojuegos por sí solos no serían capaces de cumplir todas las funciones del juego en lo que al aprendizaje se refiere, pero también cumplen la función de enseñar habilidades sociales en el mundo conectado, de otras maneras igualmente prácticas, experienciales y creativas. Por ejemplo, sería difícilmente entendible que un padre o una madre prohibiera a su hijo jugar al videojuego *Minecraft.*

Tenemos un montón de herramientas digitales a nuestro alcance que nos facilitan la vida. Y aún hay muchas más por venir que nos harán nuestro día a día más sencillo. Requiere un esfuerzo el actualizarse y aprender a manejarlos, no cabe duda. Pero merece la pena, y además nos prepara para afrontar lo que está aún por venir. Como veremos en el siguiente capítulo, todavía hay mucho que aprender.

En resumen

Aunque siempre ha habido y habrá detractores de la tecnología, los neoluditas, la historia nos ha demostrado que no tienen razón. Del mismo modo, negar y prohibir el uso de los móviles o las redes sociales no es una solución de futuro. Los adultos educadores competentes no prohíben ni dejan a los niños abandonados en el mundo digital, navegando solos y sin consejo alguno por las redes sociales. Es importante disociar el concepto de tecnología de los de procrastinación y adicción, porque así podremos a aprender y enseñar a usarla correctamente y disfrutar además de ello. Solo con flexibilidad y mentalidad de crecimiento se puede educar correctamente en lo digital.

Con una buena base de concienciación y comprensión de las medidas de seguridad y prevención que hay que adoptar, es sencillo disfrutar de la tecnología. Internet nos ofrece herramientas de comunicación, productividad, colaboración, ocio, entretenimiento, *networking*, aprendizaje *online*, diseño e incluso neobancos, que están ahí para disfrutarlas y hacernos la vida más sencilla. Pocas cosas han quedado intactas tras la llegada de lo digital. No compramos como antes, ni nos comunicamos, relacionamos, trabajamos o aprendemos como antes. Sabemos que los ordenadores y los contenidos digitales facilitan el acceso a la educación de los más desfavorecidos. La tecnología brinda enormes oportunidades a muchas personas, y también a los niños.

Al permitirles que disfruten de una cierta presencia digital, a través de los videojuegos, por ejemplo, los niños están aprendiendo habilidades sociales para un mundo que cada vez está más conectado. La combinación del juego presencial, con el que aprenden por supuesto a autorregularse emocionalmente, y poner en práctica sus funciones ejecutivas, con el juego *online*, es una buena manera de prepararse para la vida. Disfrutar de la tecnología y evitar demonizarla es la mejor opción para educar en lo digital.

8.
La tecnología que ya está aquí y la que está por venir

Hace poco leí un artículo del diario *El País* titulado «La receta de los Candelas para crear un canal de éxito en Twitch: somos una familia muy viral». El canal, llamado «Arroz y Desgracias», muestra lo que ocurre en el interior de la cocina de un restaurante en Guadalix de la Sierra (Madrid). Twitch, la plataforma nacida en el año 2011 habitualmente utilizada para transmitir directos de videojuegos, ha evolucionado hacia otras experiencias: directos que muestran la vida real de personas o IRL (*in real life*). No solo es una plataforma de entretenimiento para sus 140 millones de usuarios activos al mes, sino que es una manera de fomentar esa nueva profesión que es la de *streamer*. Los Candelas, con el padre, don Tomás, de setenta y seis años al mando de la cocina, y su hijo Aaron, de veintiséis años, han sido incluso nominados a uno de los premios Esland, algo así como los Óscar del vídeo en directo. **Solo hay que darse una vuelta por Twitch para tomar conciencia de todo lo nuevo que se puede uno encontrar en cuanto a contenidos audiovisuales.**

Dentro de la categoría IRL se hallan también contenidos «ASMR». Este neologismo, que significa «respuesta sensorial meridiana autónoma», se refiere a la experiencia de sentirse tranquilo, relajado, e incluso experimentar un hormigueo placentero en la nuca o en la columna. Desde Instagram hasta YouTube, pasando por TikTok, todas estas redes sociales están llenas de vídeos ASMR grabados con micrófonos especiales capaces de captar esos sonidos que al parecer tanto relajan a millones de personas, y que se recomienda escucharlos con unos buenos auriculares para no perderse ningún matiz. Cada uno tendrá que encontrar lo que le resulte placentero, porque, dicho sea de paso, aunque no lo he probado, dudo mucho que a mí personalmente me resulte relajante escuchar, por ejemplo, cómo alguien mastica pepinillos. Los creadores de contenidos ASMR son reconocidos como artistas, y desde luego creatividad e imaginación no les falta. Algunos hablan en susurros, otros frotan objetos contra el micrófono, y al contrario de lo que ocurre con el fenómeno *youtuber*, que está copado por hombres, entre los artistas ASMR destacan las mujeres. ¿Alguien fue capaz de imaginar o prever que triunfarían este tipo de vídeos? ¿Con qué nuevas ideas nos sorprenderán los creadores de contenidos en el futuro?

Streamers y youtubers

Precisamente entre los *youtubers* más famosos encontramos a los españoles Ibai Llanos, AuronPlay o El Rubius. Estos nuevos famosos son conocidos como *youtubers, streamers* o celebridades de internet. Raúl Álvarez Genes, alias «Auron-Play», con 14,6 millones de seguidores en Twitch, se gana la vida con los contenidos que crea. Reconoce que no es un trabajo tan sencillo como parece y anima a sus seguidores más jóvenes a que no dejen sus estudios escolares o universitarios. Aaron Candelas pudo convencer a su padre de llevar Twitch a la cocina de su restaurante, quien, a pesar de ser un inmigrante digital, un *boomer*, no cayó en la tentación de la tecnofobia y se dejó llevar a la nueva dimensión digital.

Los niños, adolescentes y jóvenes se están educando con nuevos referentes, y gracias a las nuevas tecnologías exploran posibilidades que hasta hace poco eran impensables. Muchos de los nacidos en las generaciones Z y Alfa sueñan o han soñado con ser *streamers* y vivir de jugar a videojuegos. Algo que a los adultos nos puede parecer ridículo, pero no es más que la evolución de la televisión a plataformas digitales y de los deportes a los *e-sports* (deportes electrónicos que se juegan *online*). ¿Por qué es más ridículo ser *streamer* que ser presentador de televisión o ser un gran jugador de *Grand Theft Auto* que ser futbolista? ¿Por qué si los famosos de las tertulias de los diferentes canales televisivos pueden ganarse la vida contando sus intimidades no lo iban a poder hacer los Candelas?

Es curioso lo fácil que penetran e incluso se aceptan las innovaciones tecnológicas en el mundo profesional o cuando hay una necesidad económica de por medio, pero lo mucho que cuesta adoptarlas en la vida familiar, si bien es cierto que cuando los puestos de trabajo se ven amenazados se crea resistencia. Hay una historia muy interesante al respecto. La leí en un artículo de la especialista en selección de talento Arancha Ruiz Bachs, y esta a su vez la tomó del prefacio del libro de Carl Benedikt Frey titulado *The Technology Trap: Capital, Labor and Power in the Age of Automation*. La historia cuenta que en el año 1917 los seiscientos faroleros de Nueva York sumieron a la ciudad en la oscuridad, en protesta por su inminente desaparición propiciada por la electrificación. Desde luego, la llegada de la electricidad supuso el cierre de negocios que vivían del encendido de esas farolas cada noche durante cientos de años y, por tanto, la pérdida de un incontable número de puestos de trabajo. Pero gracias a ese cambio tecnológico se generaron otros empleos nuevos y se transformó la vida de millones de personas. **Con esto vemos que la resistencia a los cambios introducidos por la tecnología no es en absoluto algo nuevo.**

La implantación del teletrabajo

La pandemia de covid-19 ha supuesto un gran impulso en la digitalización y ha facilitado el teletrabajo. Yo misma trabajo desde casa varios días por semana, y el trabajo y el hogar ya no son para mí dos lugares completamente diferentes y las actividades asociadas a estos dos contextos ya no se restringen a unos horarios estrictos y separados. El profesor

Shapiro explica este fenómeno en un capítulo de su libro dedicado al nuevo hogar. Hemos aceptado, al menos yo así lo he hecho, que la tecnología haya entrado en las casas para ahorrarnos conducir todos los días hasta la oficina, con el impacto en el tráfico, la polución y el estrés que eso supone. Además, me parece que disfruto más de mi casa. Al fin y al cabo, no tiene mucho sentido pagar una hipoteca por un inmueble que cinco días por semana solo usas poco más que para dormir. Pero, tal y como explica Shapiro, lo que aceptamos fácilmente en el contexto laboral, nos negamos a hacerle un hueco en el aspecto familiar.

Parece que la idea de familia que tenemos arraigada es casi una tradición sagrada, no queremos que se mancille. Como si en el pasado la tecnología no hubiera cambiado las rutinas de hogares enteros. Solo hay que pensar en la aparición primero de la radio y después de la televisión para darse cuenta de lo mucho que han cambiado las familias por la aparición de nuevas innovaciones. En los próximos años seguirán llegando nuevas tecnologías que tratarán de colarse en los hogares, alterando las rutinas de familias y generando temor porque la generación que estamos educando sea un fallo total para el futuro de la humanidad.

Pocas cosas quedan ya intactas por la mano de la digitalización, un proceso que, como ya hemos comentado anteriormente, ha transformado muchos aspectos de nuestra vida, de modo que no hacemos ya casi nada como hace veinte años. Lo que toca se transforma para siempre. Les ha ocurrido a los medios de comunicación que ahora tienen que competir con Twich o YouTube, al deporte y al ocio con los videojuegos o *e-sports*, y también se acerca el momento en el que afecte a los vehículos. La electrificación de los coches que está avanzando a pasos agigantados contribuye a ello. Ya no resulta complicado adquirir un coche eléctrico que no sea exclusivamente de la marca Tesla, aunque si hay algo que puede ralentizar su extensión masiva son las complicaciones derivadas de la necesidad de un punto de carga en el hogar, algo que desde luego no está al alcance de todos, sobre todo de los más jóvenes, los que viven en ciudades o no tienen vivienda propia.

Pero tener un vehículo en propiedad ya no es la única opción ni la preferida de muchas personas. Y ese escollo sin duda se superará también con ayuda del internet de las cosas, los móviles y la inteligencia artificial (IA). Pronto los coches serán tan digitales como cualquier otro dispositivo conectado, y sin un mínimo de competencias no tendrá sentido adquirir nuestro propio vehículo. Movernos en coche y aparcarlo en una ciudad es ya mucho más sencillo haciendo uso de *apps* que nos facilitan realizar la reserva de plaza y el pago de la tarifa. Y si pensamos en el momento en el que llegue realmente el transporte público autónomo no veo cómo podría sobrevivir alguien que no se haya adaptado a la digitalización.

La tecnología que nos viene

Como vemos, en los próximos años llegarán tecnologías aún más disruptivas que no pueden pillarnos desprevenidos. Ser un incompetente digital va a ser cada vez una carga más grande. **Si el internet de las cosas ha sido la gran novedad de los últimos cinco años, en los próximos tal vez el metaverso**, si consigue recuperar el empuje inicial, **y los vehículos autónomos** pasen a formar parte de la vida de muchas personas. **La inteligencia artificial y los algoritmos serán cada vez mejores** y serán capaces de conocernos muy bien, casi podrán predecir nuestras próximas decisiones.

Aprendizaje automático (*machine learning*), cadenas de bloques (*blockchain*), biotecnología, *big data* (gran volumen de datos), realidad virtual y aumentada, monitorización y *wearables* (dispositivos electrónicos en la ropa y en el cuerpo que interactúan con otros aparatos para transmitir o recopilar datos), drones...: estas tecnologías ya están aquí, y en menos de diez años serán de uso cotidiano y para entonces quién sabe qué más se habrá inventado. El que no aprenda a usarlas se perderá cada vez más oportunidades, y como adultos educadores no deberíamos ser tan miopes como para no ver esto. Si no nos adaptamos a lo digital, al menos no impidamos que se abra paso en las escuelas y en los hogares. **Promovamos que los niños y jóvenes no se queden atrás en un mundo laboral en el que la tecnología ha ramificado y penetrado en casi todos los sectores, y es que sin las**

habilidades técnicas o duras que les permitan desempeñar los puestos de trabajo que más demande el mercado tendrán muchas menos opciones.

La cadena de bloques o *blockchain*

Entre los conocimientos más deseados por los empleadores se encuentran la computación en la nube, la inteligencia artificial y el *blockchain* o la cadena de bloques. Y no es casualidad. Estas tecnologías tienen el potencial de transformar la web, las redes sociales o el almacenamiento en la nube, tal y como lo entendemos, por lo que se necesitará personal cualificado en esas habilidades duras para trabajar en las otras innovaciones que están por llegar. Asociada y vinculada en su origen a las criptomonedas, la cadena de bloques (*blockchain*) parece ser la solución necesaria para transformar la web.

La web 2.0 en la que hemos estado navegando desde el año 2004 dejó hace tiempo de ser fiel a la idea original del investigador británico Tim Berners-Lee cuando en el CERN de Suiza ideó una red descentralizada, compuesta por nodos y basada en código abierto. La primera versión de la web, la web 1.0, se componía básicamente de contenidos de solo lectura, y no había apenas interacción entre los usuarios. **Después llegó la web 2.0 para facilitar la generación de contenidos, que es una red de lectura y escritura, y aunque quería ser tan democrática como la ideó Berners-Lee, la monopolización de los gigantes de internet, como Goo-**

gle, Amazon o Microsoft, cuyos servidores de datos centralizan la red, han acabado con la descentralización. Y esto genera vulnerabilidades y problemas de privacidad.

La Web3 podría ser la solución a esos problemas. Tal y como la define, entre otros, el cofundador de Ethereum, Gavin Wood, será una red de escritura, lectura y propiedad. Usará cadenas de bloques, criptomonedas y NFT (*Non Fungible Tokens* o *tokens* no fungibles) con la intención de devolver el poder a los usuarios en forma de privacidad. Las criptomonedas asegurarán la independencia de los bancos y los NFT garantizarán a los usuarios la propiedad y el control de sus activos digitales. Un activo digital sería por ejemplo un objeto adquirido dentro del entorno de un videojuego. Si la plataforma de videojuego cierra, ese activo ahora mismo se pierde, pero con NFT seguirá siendo propiedad del usuario.

La **Web3**, basada en cadenas de bloques, también permitirá a los internautas gestionar su propia identidad digital. Ahora tenemos multitud de cuentas, una para cada red social, con sus respectivas fotos de perfil y nombres. En muchos casos, es imperativo proporcionar información personal para crear una cuenta, la cual custodia el proveedor del servicio, como puede ser X (Twitter) o YouTube. Los fallos de seguridad y los robos de datos hacen que gestionar adecuadamente la identidad sea una necesidad y un problema real. La Web3 promete un inicio de sesión único, seguro y anónimo a través de una dirección de Ethereum.

Es triste que mi primer contacto con una dirección de Ethereum se haya producido, sin embargo, de la manera en que lo ha hecho. Los que habitualmente usen criptomonedas lo conocerán bien, pero como no es mi caso, no sabía cuál era su formato. Hasta que recibí un email de unos *hackers* que pedían un rescate de 3.000 dólares en bitcoins por los datos de una de las páginas web que gestiono. Pedían que enviara el dinero a una dirección que la primera vez que vi no reconocí. Los *hackers* la enviaban en dos líneas diferentes, pero coincidía con el formato de una dirección Etherum, es decir, empezaba por 0x y se componía de 40 caracteres hexadecimales, algo así como esto: 0x2b4d3efa-05f22797c30ec4407f7d83429ad9abc. Si Ethereum, *blockchain* y la web3 se extienden de manera masiva, tal vez nos acostumbremos a estas direcciones como nos hemos familiarizado con otras muchas tecnologías, y la próxima vez que un *hacker* me extorsione al menos identificaré rápidamente ese chorro de caracteres.

La inteligencia artificial

Otra de las habilidades más valoradas por los reclutadores y empleadores tal y como comentábamos antes es la referente a la inteligencia artificial (IA). Si el año 2022 fue el año del metaverso, impulsado por Facebook (convertido en Meta), el año 2023 se convirtió en el año de la inteligencia artificial. Las redes sociales y los medios de comunicación empezaron el año hablando de **ChatGPT** y nos mostraron ejemplos de aplicaciones reales que usuarios curiosos han dado a esta IA. El rechazo al cambio y el miedo a que una IA acabe de forma masiva con los empleos de las personas podrían, sin embargo, ya no poner en peligro su avance, pero sí al menos envolverlo en polémica, como ha ocurrido en ocasiones anteriores. De hecho, ya está ocurriendo.

¿Tiene la inteligencia artificial consciencia?

En junio de 2022, la **inteligencia artificial de Google**, bautizada con el nombre **«LaMDA»** (*Language Model for Dialogue Applications*, o en español «modelo de lenguaje para aplicaciones de diálogo»), generó un gran debate. Definida por Blake Lemoine, ingeniero experto en IA de Google, como «una máquina pensante y sintiente», LaMDA monopolizó el debate durante algunas semanas. El profesor de la Universidad Nacional de Educación a Distancia (UNED) Julio Gonzalo, en un artículo para la BBC, calificaba la afirmación de Lemoine de tontería, y opinaba que los humanos somos relativamente fáciles de engañar, y que decir que la máquina ha cobrado consciencia de sí misma es una exageración. Para mí, lo realmente confuso no es que la mayoría de los mortales entren en pánico al pensar que los robots han cobrado vida, sino que un ingeniero experto en IA lo piense y genere semejante polémica.

Una IA en mi teléfono Android selecciona las noticias que sabe que más me interesan, y por eso no pasa ni un día sin que lea entre dos o tres noticias sobre ChatGPT. También una IA hace unos años, un buen día, en la habitación de mi hijo, anunció de repente cuál era el radio de la Tierra en kilómetros. Mientras él hacía los deberes, preguntó en voz alta «¿cuál es el radio de la Tierra?», y su teléfono, muy amablemente, se lo indicó.

Llevamos ya tiempo conviviendo con inteligencias artificiales, y las hemos adoptado casi sin darnos cuenta. Pero el año 2023 ha sido el de su encumbramiento. En una **sesión AMA** («*Ask me Anything*», o en español «pregúntame cualquier cosa») de la plataforma social Reddit, que ya en 2020 reportó tener más de 52 millones de usuarios activos, con el fundador de Microsoft, Bill Gates, este auguró que ni la Web3 ni el metaverso le harían sombra a la inteligencia artificial. Esta es, según Bill Gates, la tecnología que dominará el futuro, o al menos eso pensaba recién inaugurado el año 2023. **Mientras algunos todavía no acaban de aceptar que los videojuegos y las redes sociales ocupen el tiempo libre de los más jóvenes, la tecnología sigue avanzando a pasos agigantados.** Si no empezamos a interesarnos y a aceptar que las familias, las escuelas, los puestos de trabajo, el ocio y todo lo que podamos imaginar ya no van a ser como antes, y nos decidimos a ser adultos educadores también en lo digital, entonces los niños navegarán sin nadie que los acompañe en su vida *online*, con todas las implicaciones y complicaciones que sabemos que eso puede acarrear.

En resumen

El avance de la tecnología se ve, por ejemplo, muy claramente en el sector de los contenidos audiovisuales. Twitch o YouTube inspiran a las nuevas generaciones que ya sueñan con ser *streamers* de mayores. A los adultos educadores no nos debería sorprender, y aunque la resistencia a la expansión de las nuevas tecnologías es algo natural y recurrente a lo largo de la Historia, también esta nos ha mostrado que habitualmente generan otras oportunidades. Incluso las rutinas familiares se han visto afectadas por la llegada de la radio, la televisión y, por supuesto, más recientemente por internet.

Es posible que ser *youtuber* no sea efectivamente el más viable o el mejor de los futuros para los jóvenes, pero las competencias digitales para acceder a puestos de trabajo cualificados, sí. El internet de las cosas, el metaverso, los vehículos autónomos, la inteligencia artificial, las cadenas de bloques y la Web3 generarán nuevas oportunidades de trabajo, por lo que debemos promover que los niños y jóvenes no se queden atrás en el aprendizaje de las habilidades que necesitarán para acceder al mercado laboral actual y futuro que estará copado por la demanda de perfiles con ese tipo de competencias.

Sin las habilidades técnicas necesarias para desempeñar los nuevos puestos de trabajo, muchos jóvenes se verán apenas sin oportunidades. Para algunos adultos educadores es difícil aceptar que los videojuegos y las redes sociales ocupen el tiempo libre de los chicos y chicas más jóvenes, pero la tecnología sigue avanzando, y negar la necesidad de conocerla, entenderla y dominarla no va a ayudar a nadie.

9.
La tecnología y la educación

Desde que mis hijos empezaron a ir al colegio allá por el lejano año 2006, me interesé por la presencia de la tecnología en su educación. Cuando estaban en la etapa de infantil, desde luego no pensaba todavía que necesitaran adquirir competencias digitales, pero según avanzaron por la Educación Primaria y Secundaria, sí. Al principio pensé que las escuelas deberían haber cambiado mucho en los años que habían transcurrido desde que yo dejé de ir al colegio, pero lo cierto es que más allá de las pizarras digitales, la primera escuela a la que fueron mis hijos no disponía de muchos más medios técnicos, y los ordenadores que tenían en el aula de informática hacía mucho que habían dejado de ser equipos no ya de última generación sino de antepenúltima.

La desigualdad en el acceso a la tecnología de los menores y estudiantes

A los niños nacidos en familias como la mía, con padres formados y con ordenadores para todos, no les impacta demasiado que el centro educativo no cuente con medios modernos. Algunas familias son capaces de compensar las carencias del sistema, pero a otras familias sí les impacta y mucho. **Existe de manera indudable lo que se conoce como brecha digital, es decir, una desigualdad en el acceso y uso de las TIC que afecta a algunos estudiantes más que a otros.** De todos modos, años más tarde, sí busqué un colegio para ellos en el que la tecnología formara parte del proyecto educativo.

Cuando en 2020 las escuelas cerraron por la pandemia de covid-19 se acusó enormemente las consecuencias de la brecha digital. Mientras unos niños pudieron continuar con su educación de manera remota gracias a la tecnología, otros estuvieron desconectados de la escuela durante semanas o incluso meses. En esos momentos se notó realmente la diferencia entre cada familia y entre los centros educativos que usaban de manera habitual la tecnología y los que no. En los colegios en los que la comunidad educativa estaba habituada al uso de ordenadores y plataformas digitales, tardaron pocos días en comenzar con las clases *online*, mientras que en los colegios en los que no las usaban, hubo clases que no se reanudaron hasta el siguiente curso.

Me pregunto si después de esto las familias que deliberadamente eligieron centros educativos sin ordenadores ni tabletas siguieron fieles a sus ideas. Entiendo que asumirían ellos mismos la responsabilidad de educar a sus hijos durante el confinamiento, pero siendo realistas, ¿cuántos padres se pueden permitir eso? ¿Cuántas familias pueden compensar la falta de una educación digital en el colegio? Seguramente esos gurús de Silicon Valley de los que hablábamos en capítulos anteriores sí pueden, por eso prefieren mantener la tecnología lejos de los colegios de sus hijos, porque tienen acceso garantizado a ella, además de recursos económicos más que suficientes para compensar en casa lo que no aprenden en el colegio. Por eso pienso que esos artículos que pretenden hacernos creer que debemos seguir la estela de algunos expertos y mantener la tecnología lejos de la educación de los hijos son puro sensacionalismo.

El Objetivo de Desarrollo Sostenible (ODS) número 4 busca «Garantizar una educación inclusiva, equitativa y de calidad y promover oportunidades de aprendizaje durante toda la vida para todos». Cuando el sistema educativo no cumple con este objetivo, los niños no tienen las oportunidades de adquirir en el colegio aquellas habilidades que les garantizarán ascender en la escala social. Las familias que se preocupan por el futuro de sus hijos y se lo pueden permitir buscan los mecanismos para compensarlo con clases particulares, extraescolares o la simple estimulación desde el seno del propio hogar.

Esto, en vez de acabar con las desigualdades sociales y las brechas, las fomenta. Lamentablemente, cuando las cosas son así, el sistema educativo puede llegar a dejar de cumplir con su función de ascensor social. En estos casos, aquellos alumnos nacidos en familias con mayor nivel educativo y adquisitivo, tienen más posibilidades de prosperar en su educación y, por tanto, en su vida adulta que los que no tienen una familia que los respalde, lo que fomenta las desigualdades y nos aleja de la inclusión que promueve el Objetivo de Desarrollo Sostenible número 4.

Clases particulares, «educación en la sombra»

De toda la vida, las familias con mayor poder adquisitivo invierten en la educación de sus hijos mediante **clases de refuerzo** para garantizar unos buenos resultados académicos.

Las clases particulares constituyen lo que se conoce como «educación en la sombra», es decir, componen un sistema educativo paralelo al que, a diferencia del sistema público, no todos tienen acceso. Según se puede leer en el informe titulado «Educación en la Sombra en España: una radiografía del mercado de clases particulares por etapa escolar, capacidad económica de los hogares, titularidad del centro y comunidad autónoma», publicado por Esade en 2023, el gasto medio por alumno en clases particulares en España ascendió a 270 €, evidentemente un gasto que no todas las familias se pueden permitir.

Por su parte, el estudio TIMSS (*Trends in International Mathematics and Science Study*) promovido por la Asociación Internacional para la Evaluación del Rendimiento

Educativo (IEA),[2] fundada en 1959, se centra en las políticas, las prácticas y los resultados educativos en más de sesenta países de todo el mundo, y evalúa el rendimiento en Matemáticas y Ciencias de los alumnos. Incluye además un cuestionario del estudiante con preguntas acerca de si el estudiante recibe clases adicionales a las del colegio o no.

En 2019, la cifra en España revelaba que un 22 % de los estudiantes de Primaria recibía clases particulares en esas materias. La «educación en la sombra» y las clases que demandan las familias son un reflejo de las carencias del sistema educativo. De hecho, una de las asignaturas más demandadas en las academias españolas es precisamente la de Matemáticas.

Lo curioso es que la necesidad de formar a la población en el pensamiento matemático se impuso precisamente por un cambio tecnológico que ocurrió en el siglo pasado. En octubre de 1957 la URSS puso en órbita el satélite Sputnik. La carrera espacial que comenzó en plena «Guerra Fría» entre Estados Unidos y la URSS tuvo consecuencias en los sistemas educativos de los países occidentales. Lo que ocurrió a finales de la década de los años cincuenta del siglo pasado, con el lanzamiento del Sputnik y la creación de la Asociación Internacional para la Evaluación del Rendimiento Educativo (IEA), todavía sigue teniendo consecuencias en el sistema educativo de hoy. **El fomento de la educación en Ciencias, Tecnología, Ingeniería y Matemáticas, lo que se conoce**

---

2. Siglas en inglés que hacen referencia a International Association for the Evaluation of Educational Achievement.

como STEM, sigue siendo el objetivo de las políticas educativas de numerosos países, poniendo además el foco en que las niñas se interesen por estas disciplinas para evitar la brecha de género.

Programas y juegos para que los niños aprendan a programar

La tecnología lleva incluida en el acrónimo STEM, del que tanto se habla, desde hace más de cuarenta años. Y el hablar de tecnología hoy incluye sin duda las TIC (Tecnologías de la Información y la Comunicación). Las bases de la educación STEM (*Science, Technology, Engineering and Mathematics*) las sentaba el filósofo, psicólogo y matemático Seymour Papert en la década de los ochenta. Cuatro décadas más tarde las Matemáticas siguen siendo la asignatura «hueso», y eso lo saben bien los profesores y en particular los que imparten clases privadas en academias. Papert, discípulo del psicólogo educativo Jean Piaget, es considerado un pionero de la inteligencia artificial. Investigador del Instituto de Tecnología de Massachusetts (el famoso MIT), y creador en 1968 del lenguaje de programación para niños llamado «Logo», trabajó con el fabricante de juguetes LEGO en el desarrollo de los robots educativos «LEGO Mindstorms».

Actualmente, el lenguaje de programación Scratch sigue la estela de Logo, tratando de introducir a los niños en el mundo de los computadores. Scratch y LEGO se complementan en la línea de robótica LEGO Education WeDo. Aquí tenemos, pues, una vía para fomentar el interés de niños y niñas por las matemáticas y la computación desde el propio hogar, y es que acabar con la brecha de género es algo que también se puede fomentar desde casa y desde las clases extraescolares. Por su parte, para hacerlo desde los centros educativos, que es desde donde se debería realizar para evitar desigualdades, los profesores pueden implicarse en proyectos como la FLL (FIRST LEGO League), el cual aúna juego, robótica, ciencia y valores para enseñar habilidades STEM.

Las habilidades digitales

Creo que las familias ya se han dado cuenta de que no son solo las Matemáticas las que les garantizarán un futuro mejor a sus hijos, sino también las habilidades digitales. Y en esto coincide conmigo una inteligencia artificial. Cuando le pregunté a ChatGPT qué asignatura era la más demandada en las academias españolas, su respuesta fue, literalmente, la siguiente: «En España es difícil identificar una asignatura que sea la más demandada en las academias, ya que esto puede variar dependiendo de la zona geográfica, la edad de los estudiantes y las necesidades individuales de cada estudiante. Sin embargo, en general, es común que las materias relacionadas con exámenes y certámenes, como Matemáticas, Física, Química, Biología y Lengua española, sean las más demandadas en las academias. Además, en los últimos años, las materias relacionadas con las tecnologías y las habilidades digitales, como programación, diseño gráfico y *marketing* digital, también han ganado popularidad y se han convertido en una demanda cada vez mayor en las academias. En general, los estudiantes y sus familias buscan complementar su educación y mejorar su rendimiento en materias que consideran importantes para su futuro académico o profesional, por lo que las materias más demandadas pueden variar con el tiempo».

Independientemente de lo anecdótico de la respuesta de ChatGPT, y del uso de la palabra «certámenes», que no parece muy acertado, no creo que haya lugar a dudas de la necesidad de que los jóvenes se eduquen en competencias digitales para que sus oportunidades se multipliquen y en la etapa adulta tengan acceso a puestos de trabajo cualificados y salarios más altos. La educación además es un mecanismo para ajustar oferta y demanda de empleos. Si el sistema educativo no es capaz de realizar el ajuste adecuadamente lo tendrán que hacer las empresas privadas.

Programas formativos para paliar la escasez

Google, por ejemplo, se ha lanzado a ofrecer programas formativos para paliar la escasez de recursos cualificados que ha detectado, fomentando además lo que se conoce como aprendizaje a lo largo de la vida. La educación no acaba cuando se abandona el centro educativo en el que se ha formado una persona. Como decíamos anteriormente, el Objetivo de Desarrollo Sostenible número 4 promueve precisamente ese aprendizaje a lo largo de la vida, y también la educación inclusiva, lo cual solo se puede lograr acabando con las brechas, tanto la de género como la digital. Pero algo va mal encaminado cuando suceden cosas como la siguiente.

A principios del año 2023, los periódicos se hacían eco de la denuncia de las escuelas de Seattle a las grandes tecnológicas. Según se podía leer en el diario *ABC*, las escuelas públicas de la ciudad de Seattle y del condado de Kent (Washington, Estados Unidos) demandaron a cinco plataformas por arruinar la salud mental de los estudiantes, y añadía que «miles de padres y educadores se preguntan ahora por qué estaban mirando hacia otro lado mientras sus hijos pasaban tantas horas con el móvil». Hay al menos dos aspectos que me chirrían en esta frase:

El primero es que los padres estuvieran mirando para otro lado. ¿No se plantearon en ningún momento cómo podían acompañar a sus hijos y educarlos en lo digital?, ¿pensaban de verdad que podían mirar para otro lado y no supervisar lo que ocurría detrás de las pantallas?

Y el segundo es que los niños pasaran demasiadas horas usando sus dispositivos. Entiendo que los móviles son una novedad reciente, aparecieron hace relativamente poco, en 2007 se lanzó el primer iPhone y en 2008 el primer teléfono con sistema operativo Android, pero la televisión lleva en los hogares desde hace mucho más tiempo y los padres de esos niños ya crecieron con límites a las horas que dedicaban a verla, ¿o es que a los niños de las generaciones X e Y no los separaban sus padres de la televisión y los mandaban a hacer los deberes? ¿No controlaban sus padres lo que veían y el tiempo que pasaban delante de la «caja tonta»?

La llegada de las redes sociales y de las aplicaciones de mensajería instantánea, imbricadas como están las unas con las otras, supuso sin duda la introducción de situaciones nuevas a las que nadie se había enfrentado antes. El acoso escolar comenzó a trascender los muros de los colegios y a colarse en los dormitorios de los menores a través de sus pantallas. Y no solo eso, como ya dijimos en el capítulo dedicado a las redes sociales, estas están diseñadas para apelar a las emociones humanas. Los *deepfakes*, los bulos o los contenidos a los que acceden los menores a través de las redes sociales están llenos de carga emocional y reclaman a gritos la participación adulta para interpretar qué está ocurriendo en el mundo, tal y como lo muestran las pantallas y para enseñarle s a lidiar con las emociones.

La situación actual en España

En la primavera de 2022 se publicaba en el *Boletín Oficial del Estado* (*BOE*) español el «nuevo marco de referencia de la competencia digital docente». El texto se centra en seis áreas diferentes: compromiso profesional, contenidos digitales, enseñanza y aprendizaje, evaluación y retroalimentación, empoderamiento del alumnado, y desarrollo de la competencia digital del alumnado. A lo largo de cada una de estas seis áreas se trata diferentes aspectos, algunos quedan dentro del ámbito de la escuela y del trabajo docente, y otros afectan de manera directa a los alumnos. Así, en las primeras cuatro áreas, este marco de referencia incluye el uso de la tecnología para el trabajo organizativo, la comunicación, la colaboración, la creación o modificación de contenidos digitales, la enseñanza y el fomento del aprendizaje entre iguales, la evaluación y la retroalimentación, etc.

Pero si hay algo que creo digno de destacar son las áreas quinta y sexta, que tratan del empoderamiento y el desarrollo de la competencia digital del alumnado. **Los profesores tendrán que ser capaces de fomentar la competencia digital de los alumnos, incluyendo la alfabetización mediática y el bienestar digital o emocional.** En esta área, vemos por fin recogida en una norma la educación DEM (Digital, Emocional y Mediática) de la que hemos hablado a lo largo de este libro. Como adultos educadores, todos, padres, madres y docentes, deberíamos trabajar codo con codo para que los niños se eduquen de manera holística en los tres planos: el digital, el emocional y el mediático. Solo educándolos tanto en el hogar como en la escuela se conseguirá el objetivo. Mirando para otro lado, prohibiendo o denunciando a las grandes tecnológicas no se va a solucionar nada, los menores no pueden ser huérfanos digitales ni un minuto más.

No debemos olvidar la inclusión y la atención a la diversidad

Dentro de lo que este «nuevo marco de referencia de la competencia digital docente» ha calificado como empoderamiento del alumnado, entran la inclusión y la atención a la diversidad, en las que sin duda el uso de herramientas digitales puede ser de gran ayuda para lograr que todos los alumnos alcancen los objetivos de aprendizaje. Aquí es donde el texto entronca con el Objetivo de Desarrollo Sostenible número 4. Las herramientas digitales son verdaderamente útiles para avanzar hacia la consecución de la inclusión de todos los estudiantes.

La tecnología en el proceso de enseñanza-aprendizaje

En el curso 2017-18 me matriculé y completé el Máster de Formación del Profesorado y tuve la suerte de realizar mis prácticas en un centro educativo innovador, en el que la tecnología estaba muy presente en el proceso de enseñanza-aprendizaje. En mi Trabajo Fin de Máster (TFM) seguí el modelo de este colegio, que utiliza lo que se conoce como metodología EBI (Educación Básica Interactiva) para crear una unidad didáctica para la asignatura de Matemáticas de 4.º de la ESO. Una unidad didáctica es lo que coloquialmente conocemos como un tema.

Cuando en casa les preguntamos a los niños qué tema están dando en clase, en realidad deberíamos preguntar por la unidad didáctica, pero evidentemente esto casi nadie lo hace. La unidad didáctica de mi Trabajo Fin de Máster trataba sobre las funciones matemáticas, y además tuve la oportunidad de ponerla en práctica con un grupo de alumnos de otro centro educativo también innovador. Lo que diferenciaba mi tema de funciones del que se podría encontrar en un libro de texto es, precisamente, el carácter digital.

Para empezar, el contenido estaba creado completamente por medios digitales. Lo realicé en un blog de Google Sites y sigue publicado y disponible para quien lo quiera utilizar. Al tratarse de un blog, y no un mero documento en formato pdf, pude usar hojas de cálculo, herramientas como Geogebra, y por supuesto darle un enfoque inclusivo al presentar contenidos en formato de texto y vídeos de YouTube, además de contemplar dos itinerarios de tareas para diferentes niveles. El TFM fue merecedor de un premio en la categoría de educación y nuevas tecnologías.

Nuevas herramientas de la inteligencia artificial

Hace cinco años de eso. Si lo hubiera tenido que hacer ahora, seguro que podría haber utilizado además herramientas de la inteligencia artificial, como las que la profesora Clara Cordero, creadora de agorabierta.com, recomienda: **Socratic** (para encontrar respuestas a preguntas sobre cualquier tema escolar), **QuizGecko** (para generar «*quizzes*» o cuestionarios) o **Tome** (para llevar lo que se conoce como «*storytelling*» a las presentaciones).

No puedo evitar preguntarme cómo afectará la IA a la educación formal, pero también a la «educación en la sombra». ¿Podrán Socratic o ChatGPT sustituir a un profesor particular? ¿Conseguirá la IA democratizar la educación? ¿Cómo deben las instituciones educativas afrontar el hecho de que sus alumnos utilicen estas herramientas? Estas preguntas y muchas más están en mente de todos, pero las respuestas todavía siguen pendientes, aunque al ritmo que está avanzando la IA, no por mucho tiempo.

La inteligencia artificial es sin duda la próxima gran revolución tecnológica que ya está ocurriendo, pero solo unos pocos saben cómo sacarle partido. Lejos de considerarla una amenaza se la debería considerar como una gran herramienta. Pronto nos acostumbraremos a buscar las respuestas a nuestras preguntas a través de *chatbots* o robots conversacionales, como he hecho yo lanzándole una pregunta a Chat-GPT sobre las asignaturas que más se solicitan en las academias. **La IA permitirá a aquellos que sepan utilizarla adecuadamente tomar mejores decisiones, ser más eficientes en su trabajo y desde luego más competitivos.**

En resumen

En educación existe un gran consenso internacional sobre a dónde deben dirigirse los sistemas educativos de todo el mundo, y lo encontramos en el Objetivo de Desarrollo Sostenible número 4, que pretende «garantizar una educación inclusiva, equitativa y de calidad, y promover oportunidades de aprendizaje durante toda la vida para todos». La inclusión educativa, entendida en los términos de la Unesco, es un proceso orientado a responder a la diversidad de los estudiantes, incrementando su participación y reduciendo la exclusión. Las brechas, digital y de género, nos alejan de conseguir la inclusión, y por eso es perentorio acabar con ellas cuanto antes.

El fomento de la educación STEM, también entre las niñas, es uno de los objetivos de las políticas educativas de muchos países. La formación en Matemáticas y en competencias digitales son prioritarias, no solo para los gobiernos, sino también para las familias, por eso estas complementan la formación de sus hijos con clases de refuerzo en academias privadas, fenómeno que se conoce como «educación en la sombra». Incluso empresas como Google, conocedoras de la escasez de recursos cualificados, se lanzan a ofrecer programas formativos para paliar esa carencia que se acusa en el sistema educativo.

Con todo esto, el marco de referencia de la competencia digital docente pretende que los profesores españoles sean capaces de fomentar la competencia digital de los alumnos, incluyendo la educación DEM (Digital, Emocional y Mediática). Además, contempla la inclusión y la atención a la diversidad mediante el uso de herramientas digitales, entre las que la inteligencia artificial será la gran protagonista en los próximos años. Elegir educar a los niños alejados de la tecnología no es, por tanto, un planteamiento correcto, y como adultos educadores, debemos actuar consecuentemente.

10.
Herramientas y recursos

Ser unos educadores digitales responsables requiere habilidades de dos tipos: por una parte, **las habilidades técnicas para entender la tecnología, los riesgos que entraña y las medidas de seguridad para contrarrestarlos**, y por otra, **habilidades como la mentalidad de crecimiento** de Carol Dweck o la **flexibilidad, creatividad y adaptabilidad** a las que se refiere el doctor Shapiro, y también **inteligencia emocional** para ser auténticos científicos de las emociones, usando la teoría de Marc Brackett.

Adquirir estas habilidades requiere un aprendizaje. En este libro hemos tratado de orientar a los lectores para que adquieran algunas de ellas, pero esto no es más que un principio. Para considerar que hemos aprendido algo realmente tenemos que ser capaces de ponerlo en práctica e incorporarlo a nuestro estilo de vida.

¿Cómo podría alguien dar un cambio en su vida para convertirse en un modelo de educación digital? Para ello tendría que adquirir una serie de hábitos buenos. Por ejemplo, alguien interesado en alfabetizarse digitalmente podría leer artículos sobre tecnología (yo personalmente leo publicaciones como Xataka o Genbeta), seguir en redes sociales o visitar a menudo las páginas de organizaciones que fomentan la educación digital, emocional o mediática (en el anexo II hay un listado que puede servir de referencia), revisar la seguridad de sus dispositivos y cuentas a menudo, utilizar herramientas digitales para generar contenidos o diseños, usar algunas redes sociales de manera activa y responsable, realizar trámites administrativos, sanitarios, bancarios o con proveedores a través de los portales *online* e incluso «curar» contenidos, es decir, seleccionar y compartir los más relevantes o interesantes.

Cómo guardar los enlaces web en nuestro navegador

Para ser más eficientes en nuestra actividad digital y cumplir con el objetivo de alfabetización, una costumbre que puede ayudar es guardar los enlaces que nos interesan y organizar los marcadores del navegador en carpetas. Personalmente, hace unos años solía guardar los enlaces de aquello que me parecía interesante sin orden ni concierto. El resultado era un caos de hipervínculos que después no era capaz de consultar porque no sabía ni dónde encontrarlos.

En el año 2021, estuve en proceso de búsqueda de empleo, y uno de los aspectos que consideré necesarios para hacerlo mejor fue aprender a manejar LinkedIn. Lo hice de la mano de una profesional de la marca digital llamada Esmeralda Díaz Aroca. Meses más tarde empecé a usar LinkedIn como reclutadora en mi trabajo, y todo lo que me enseñó Esmeralda me resultó muy útil. Por ejemplo, de ella adquirí el hábito de organizar los marcadores o favoritos del navegador. Los marcadores me permiten ser más ágil y ahorrar tiempo. Tengo una carpeta llamada «áreas de cliente» en la que están recogidos los accesos a las compañías de suministros de teléfono, agua, electricidad, gas, seguros, contratos de mantenimiento y portales sanitarios para solicitar citas o consultar resultados de pruebas médicas, y así, cualquier gestión que necesite hacer ya no resulta tan tediosa. Los datos de acceso los tengo siempre a mano gracias a un gestor de contraseñas, lo que facilita aún más la operación. En el móvil también se puede hacer algo parecido, organizando las *apps* por carpetas.

Y cuando hablamos de contenidos, una buena manera de organizarlos, compartirlos y tenerlos a mano es usando marcadores como la *app* Pocket, que permite crear y administrar listas de lectura de contenido *online*, o **Flipboard**, un agregador de noticias, contenido social, páginas web, etc., en formato de revista. Durante el tiempo que fui diputada en la Asamblea de Madrid seguía las noticias del sector educativo a diario y las organizaba con Flipboard para poder estar al día en todo momento.

Los anexos

Para acabar esta guía, **en los siguientes anexos** vamos a incluir **una recopilación de los acrónimos, anglicismos y términos específicos que han salido en los diferentes capítulos de este libro y una relación de páginas web y recursos *online* para educadores digitales responsables.** Mi recomendación es que, los que resulten interesantes, se añadan a los marcadores de manera organizada para poder encontrarlos fácilmente cuando sea necesario recurrir a ellos.

Anexo I.
Acrónimos, anglicismos y otros términos

Término	Significado	Capítulo/s
AMA de Reddit	AMA significa «*Ask me Anything*» (pregúntame lo que quieras). Reddit es un agregador de noticias y de marcadores sociales.	8
ASMR	ASMR (*Autonomous Sensory Meridian Response*, «Respuesta Sensorial Meridiana Autónoma») es un neologismo que se refiere a una sensación placentera o de hormigueo.	8
Asociación Internacional para la Evaluación del Rendimiento Educativo (IEA)	La Asociación Internacional para la Evaluación del Rendimiento Educativo es una alianza internacional independiente de instituciones y agencias gubernamentales de investigación. Realiza estudios comparativos a gran escala sobre los logros educativos.	9
Au pair	Las *au pairs* son principalmente mujeres jóvenes extranjeras que se alojan con familias de otros países para ayudar en el cuidado y la educación de los hijos, y también para enseñarle su idioma.	5, 7

Término	Significado	Capítulo/s
Big data	*Big data* o macrodatos hace referencia a conjuntos de datos enormes y complejos que precisan de aplicaciones de procesamiento de datos para tratarlos adecuadamente.	8
Biotecnología	La biotecnología es la aplicación de principios y técnicas de la biología molecular y celular para desarrollar productos y procesos que mejoren la calidad de vida y la salud humana, así como también para abordar problemas ambientales y agrícolas.	8
Bitcoins	Bitcoin es una moneda digital descentralizada que permite realizar transacciones *online* sin necesidad de intermediarios como bancos o gobiernos, y que utiliza un sistema seguro llamado *blockchain* para proteger las transacciones.	8
Blockchain	*Blockchain* (cadena de bloques) es una forma de almacenar información de manera segura y protegida, como si fuera un diario compartido con muchas personas que lo protegen y cuidan juntas. Nadie puede cambiar lo que se ha escrito en el diario, y todos pueden ver lo que se ha agregado.	8
BOE	*BOE* son las siglas de *Boletín Oficial del Estado*, y se refiere al diario oficial del Gobierno español donde se publican las leyes, normativas y demás disposiciones oficiales del Estado.	9
Bullying	El *bullying* es el acoso físico o psicológico que se realiza de manera repetida y deliberada hacia una persona por parte de otra u otras personas, con el objetivo de causarle daño, miedo o humillación.	3, 5

Anexo I. Acrónimos, anglicismos y otros términos

Término	Significado	Capítulo/s
CERN	El CERN (siglas en francés de Conseil Européen pour la Recherche Nucléaire) es el mayor laboratorio de física de partículas del mundo, ubicado en la frontera entre Suiza y Francia. Su objetivo es investigar la estructura fundamental del Universo y la naturaleza de las partículas subatómicas mediante el uso de aceleradores de partículas y otros equipos avanzados.	7, 8
Chatbot	Un *chatbot* es un programa informático que utiliza inteligencia artificial para simular una conversación humana en línea con un usuario a través de una interfaz de chat. Pueden ser programados para responder preguntas, realizar tareas específicas, ofrecer recomendaciones y desempeñar otras funciones similares.	9
Ciberacoso	El ciberacoso es una forma de acoso que se realiza a través de dispositivos electrónicos y redes sociales, mediante mensajes, comentarios, fotos o vídeos ofensivos, humillantes o amenazantes que buscan dañar la reputación, la autoestima o la seguridad de una persona.	3
Covid-19	El covid-19 es la abreviatura de «enfermedad por coronavirus 2019», una enfermedad infecciosa causada por el virus SARS-CoV-2 que afecta principalmente al sistema respiratorio humano y que ha provocado una pandemia global.	4, 6, 8, 9
Deepfakes	*Deepfake* es una técnica de inteligencia artificial que permite crear vídeos o imágenes falsas muy realistas mediante la superposición de rostros y voces, lo que puede ser utilizado para fines engañosos o malintencionados.	6

Conectados y empoderados

Término	Significado	Capítulo/s
Deep learning	El *deep learning* es una técnica de aprendizaje automático que utiliza redes neuronales artificiales para procesar y analizar grandes cantidades de datos con el objetivo de identificar patrones y hacer predicciones. Es como si nuestro cerebro estuviera entrenando una computadora para que pueda aprender y realizar tareas de forma autónoma.	6
DEM	Acrónimo acuñado por la autora de este libro para denominar a la triada educativa centrada en lo «digital, emocional y mediático».	6, 7, 8
Dron	Un dron es un vehículo aéreo no tripulado que puede ser controlado de forma remota o autónoma. Se utilizan para una amplia variedad de tareas, como la toma de fotografías y vídeos, el monitoreo de zonas de difícil acceso, la entrega de paquetes y el uso militar.	8
EBI	La Educación Básica Interactiva (EBI) es una metodología educativa que utiliza las TIC para mejorar el proceso de enseñanza y aprendizaje. Se enfoca en la utilización de la tecnología para crear un ambiente de aprendizaje más interactivo y participativo, que involucre a los estudiantes en el proceso educativo de una manera más dinámica y eficaz.	9
Educación en la sombra	Se conoce como «educación en la sombra» al sistema educativo paralelo de clases particulares en casa o en academias al que solo tienen acceso las personas con más recursos.	9

Anexo I. Acrónimos, anglicismos y otros términos

Término	Significado	Capítulo/s
Educación mínimamente invasiva	La educación mínimamente invasiva es una metodología pedagógica propuesta por el científico y educador de la tecnología en la escuela Sugata Mitra, que se enfoca en permitir a los estudiantes aprender de forma autónoma y autoorganizada, utilizando herramientas tecnológicas y la colaboración con otros compañeros. En lugar de enseñar de manera tradicional, los profesores ofrecen recursos y herramientas que promueven la curiosidad natural de los estudiantes, fomentando su capacidad de investigar y descubrir por sí mismos.	7
Esade	Esade es una institución académica privada de educación superior fundada en 1958, con campus en Barcelona y Madrid. El Centro de Políticas Económicas EsadeEcPol es un *think tank* independiente e interdisciplinar que tiene como misión articular espacios transversales de consenso para impulsar políticas públicas basadas en la evidencia.	9
Ethereum	Ethereum es una plataforma *online* que permite crear aplicaciones seguras y transparentes usando la tecnología *blockchain*, que asegura la transparencia y la seguridad de las transacciones.	8
Fake news	Las *fake news* son noticias falsas o engañosas que se difunden a través de los medios de comunicación y las redes sociales con el fin de engañar o manipular a la opinión pública.	6
Feed	En las redes sociales el término «*feed*» se refiere al flujo de contenido que se muestra en la página principal de un usuario. El *feed* generalmente está compuesto por publicaciones de amigos, familiares y páginas seguidas por el usuario, y puede incluir una variedad de tipos de contenido, como fotos, vídeos, enlaces y actualizaciones de estado.	6

Conectados y empoderados

Término	Significado	Capítulo/s
FOMO	El acrónimo FOMO significa en inglés «*Fear Of Missing Out*», que traducido al español significa «miedo a perderse algo». Se refiere a la ansiedad o al temor que experimentan algunas personas cuando sienten que se están perdiendo una experiencia importante o interesante, especialmente cuando ven publicaciones de sus amigos o conocidos en las redes sociales.	4
Google Play Protect	Google Play Protect revisa las aplicaciones cuando las instalas y analiza periódicamente el dispositivo. Si encuentra una aplicación potencialmente dañina puede enviarte una notificación. Para eliminar la aplicación, toca la notificación y, a continuación, desinstálala. Google Play Protect está activado de forma predeterminada.	2
GPS	GPS significa «Sistema de Posicionamiento Global» en inglés. Es una herramienta que te ayuda a saber dónde estás en cualquier lugar del mundo gracias a las coordenadas de posición. Funciona con satélites que envían señales a un dispositivo pequeño que llevas contigo, como un teléfono móvil o un navegador de coche.	1
Grooming	El *grooming* es cuando un adulto trata de ganarse la confianza de un menor de forma *online* para obtener imágenes o vídeos explícitos o para abusar sexualmente del menor. Es peligroso y es un delito.	3, 4, 5

Anexo I. Acrónimos, anglicismos y otros términos

Término	Significado	Capítulo/s
GSMA	La GSMA (Asociación Mundial de Operadores Móviles) es una organización internacional que representa los intereses de más de 750 operadores móviles y 400 empresas relacionadas en todo el mundo. Su objetivo es impulsar la innovación y el crecimiento en la industria móvil, fomentando el desarrollo de nuevas tecnologías y servicios móviles, así como promoviendo la colaboración entre operadores, fabricantes de dispositivos, empresas de tecnología y reguladores para mejorar la experiencia del usuario y la eficiencia del mercado. La GSMA también organiza eventos de la industria móvil, como el Mobile World Congress, y realiza investigaciones y estudios sobre el sector móvil y sus tendencias.	1
IA (inteligencia artificial)	La IA (inteligencia artificial) es una tecnología que permite a las computadoras aprender y pensar por sí mismas como lo haría una persona. Es útil para muchas cosas, como reconocimiento de imágenes y voz, coches autónomos y recomendaciones de productos *online*.	8, 9
IMEI	El IMEI (Identidad Internacional de Equipo Móvil) es un número único que se asigna a cada dispositivo móvil, como un teléfono móvil o una tableta. Este número se utiliza para identificar un dispositivo móvil en la red y está compuesto por una combinación de 15 dígitos. El IMEI se utiliza para varias funciones, como bloquear un dispositivo si se pierde o se roba o para rastrear un dispositivo móvil si es necesario.	2

Conectados y empoderados

Término	Significado	Capítulo/s
Influencer	Un *influencer* es una persona que tiene una gran cantidad de seguidores en las redes sociales y que puede influir en las decisiones de compra y en las opiniones de sus seguidores. Los *influencers* suelen ser conocidos por su estilo de vida, su belleza, su talento o su conocimiento en un área específica, y son contratados por las marcas para promocionar sus productos o servicios en sus redes sociales.	3, 4
Instagramer	Un *instagramer* es una persona que utiliza la aplicación de redes sociales Instagram para compartir fotos y vídeos con sus seguidores. Pueden ser personas influyentes, celebridades o personas comunes que comparten su vida diaria en la plataforma. Muchos *instagramers* tienen una gran cantidad de seguidores y pueden ser contactados por marcas para promocionar sus productos o servicios en Instagram.	4
Inteligencia emocional	La inteligencia emocional es la capacidad de reconocer, comprender y gestionar nuestras propias emociones y las emociones de los demás.	3, 5
iOS	iOS es un sistema operativo móvil desarrollado por Apple Inc. para sus dispositivos móviles, como iPhone, iPad e iPod Touch. La sigla iOS significa «Sistema operativo para iPhone» (*iPhone Operating System*, en inglés).	2
IoT (internet de las cosas)	IoT (*Internet of Things*, en inglés) o internet de las cosas se refiere a la interconexión de dispositivos cotidianos a internet para permitir que estos se comuniquen y compartan datos entre sí, sin la necesidad de la intervención humana. Los dispositivos IoT incluyen sensores en electrodomésticos, vehículos, enchufes... que están equipados con chips, sensores y *software* que les permiten conectarse a internet y compartir información.	1

Anexo I. Acrónimos, anglicismos y otros términos

Término	Significado	Capítulo/s
IRL	IRL («*In Real Life*» en inglés), en español «En la vida real», es comúnmente utilizada en internet y redes sociales para diferenciar entre la interacción virtual y la interacción en persona.	8
LaMDA	LaMDA (*Language Model for Dialogue Applications*) es un modelo de lenguaje conversacional de Google que utiliza el aprendizaje profundo para mejorar la comprensión del lenguaje natural y permitir conversaciones más fluidas y naturales entre humanos y máquinas. LaMDA tiene como objetivo crear un modelo de diálogo que pueda entender y responder a cualquier tipo de pregunta o conversación en cualquier tema, incluso si el modelo no tiene conocimiento previo sobre el tema.	8
Loot boxes (cajas de recompensas)	Una *loot box* (caja de recompensa) es una caja virtual que se puede comprar en algunos videojuegos. Al abrirse se obtienen sorpresas aleatorias en el juego, como nuevos personajes o elementos especiales. Algunos juegos hacen que sea difícil conseguir objetos o sucesos positivos en las *loot boxes*, por lo que algunas personas pueden gastar mucho dinero tratando de conseguir lo que pretenden.	4
Machine learning	El *machine learning* (aprendizaje automático) es una técnica que permite a las computadoras aprender por sí solas a través de la experiencia, en lugar de ser programadas explícitamente por humanos. Es como si una computadora pudiera aprender y mejorar en una tarea en particular sin que un humano tenga que decirle cómo hacerlo. Por ejemplo, una computadora puede aprender a reconocer imágenes de gatos por sí sola, simplemente viendo muchas imágenes de gatos y aprendiendo a identificar los patrones comunes.	8

Conectados y empoderados

Término	Significado	Capítulo/s
Malware	El *malware* es un *software* malicioso que se crea con el objetivo de dañar o infiltrarse en un dispositivo o red informática sin autorización. Puede ser un virus, un troyano, un gusano o un *spyware*, entre otros tipos de *software* malintencionado. El *malware* puede ser utilizado para robar información personal, dañar archivos o tomar el control del dispositivo o red sin el conocimiento del usuario.	2
Neobanco	Un neobanco es un banco digital que ofrece servicios financieros a través de una aplicación móvil o plataforma *online* sin contar con sucursales físicas. Estos bancos suelen ofrecer cuentas bancarias, tarjetas de crédito y débito, préstamos y otros servicios financieros a través de su *app* o web. Además, suelen destacarse por ofrecer una experiencia de usuario más innovadora y ágil en comparación con los bancos tradicionales.	7
Neoludismo	El neoludismo es un movimiento que se opone al uso de la tecnología moderna, especialmente de la tecnología digital, por considerarla una amenaza para la vida humana, la naturaleza y la sociedad. Los neoluditas abogan por una vida más simple y tradicional, y creen que la tecnología ha llevado a la alienación, la pérdida de valores y la degradación del medio ambiente.	7
Netiqueta	La netiqueta es un conjunto de reglas y normas de comportamiento que se deben seguir al comunicarse *online*, ya sea a través de correos electrónicos, redes sociales, foros o chats, entre otros medios digitales. Estas normas se basan en el respeto, la cortesía y la consideración hacia los demás usuarios de la red, y tienen como objetivo fomentar una convivencia sana y positiva en el entorno virtual. Por ejemplo, no escribir en mayúsculas (ya que se interpreta como gritar).	5

Anexo I. Acrónimos, anglicismos y otros términos

Término	Significado	Capítulo/s
Networking	*Networking* es el proceso de establecer conexiones y relaciones profesionales con otras personas o empresas para compartir información, recursos y oportunidades. Es una actividad clave para desarrollar y expandir una red de contactos útiles para el crecimiento y éxito de una carrera profesional o empresarial. El *networking* puede ser realizado en persona o a través de plataformas *online* y redes sociales.	7
NFT	Un NFT (*Non-Fungible Token*) es un tipo de *token* digital único que se utiliza para representar la propiedad de un objeto digital, como una imagen, un vídeo o un archivo de audio. Los NFT se crean utilizando tecnología *blockchain*, lo que significa que su autenticidad y propiedad pueden ser verificadas y rastreadas. En resumen, un NFT es como un certificado de autenticidad digital que permite a los propietarios demostrar que poseen una versión única y auténtica de un objeto digital en particular.	8
Nude	En el contexto de las redes sociales, *nude* se refiere a veces a imágenes de desnudos o semidesnudos que se comparten entre usuarios. Es importante tener en cuenta que el intercambio de imágenes de este tipo puede violar los términos de servicio de las plataformas de redes sociales y, en algunos casos, ser ilegal.	3, 4
ODS	Los ODS son los Objetivos de Desarrollo Sostenible, un conjunto de 17 objetivos acordados por la Organización de las Naciones Unidas (ONU) para erradicar la pobreza, proteger el planeta y asegurar la prosperidad para todos. Los ODS incluyen objetivos como la eliminación del hambre, el acceso a la educación de calidad, la igualdad de género y combatir el cambio climático, entre otros. Son una guía para los países y la sociedad en general para avanzar hacia un mundo más justo y sostenible.	9

Término	Significado	Capítulo/s
ODS4	El ODS4 se refiere a «Educación de calidad», y busca garantizar una educación inclusiva, equitativa y de calidad para todos, desde la educación infantil hasta la educación superior y la formación técnica y profesional. El objetivo incluye la promoción de oportunidades de aprendizaje para todos, independientemente de su origen socioeconómico, género o ubicación geográfica, y la mejora de las habilidades necesarias para una vida sostenible y un desarrollo económico inclusivo. También se busca garantizar el acceso a infraestructura y tecnología educativa adecuada, así como a una formación docente de calidad.	9
PEGI	PEGI (acrónimo de «*Pan European Game Information*») es un sistema de clasificación de los contenidos de los videojuegos que se utiliza en varios países de Europa. PEGI proporciona información sobre el contenido de un juego, incluyendo lenguaje soez, violencia, temas sexuales y otros elementos que podrían ser inapropiados para ciertas edades. La clasificación PEGI es un recurso útil para que los padres y los compradores de juegos sepan si un título es adecuado o no para ciertas edades.	4
Phishing	El *phishing* es una técnica de ciberataque en la que un estafador intenta engañar a la víctima para que revele información confidencial, como contraseñas o datos bancarios, a través de mensajes fraudulentos por correo electrónico, mensajes de texto o páginas web falsas que se asemejan a los legítimos. El objetivo del *phishing* es obtener acceso a la información personal o financiera de la víctima y utilizarla para cometer fraudes o robos.	2

Anexo I. Acrónimos, anglicismos y otros términos

Término	Significado	Capítulo/s
Phonbie	El término *phonbie* se refiere a una persona que está obsesionada con su teléfono móvil y que no puede dejar de usarlo incluso en situaciones inapropiadas, como en reuniones sociales, en el trabajo, en la mesa mientras come, entre otras. Esta obsesión puede llevar a problemas de salud mental, problemas de relación con otras personas y a la disminución del rendimiento en tareas cotidianas, como el trabajo o el estudio.	4
PIN	PIN es un acrónimo que significa «*Personal Identification Number*» o «Número de Identificación Personal» en español. Es un código numérico secreto utilizado para verificar la identidad de una persona en diferentes contextos, como tarjetas de crédito, tarjetas SIM de teléfonos móviles o dispositivos electrónicos, entre otros. El PIN se utiliza para evitar el acceso no autorizado a información personal o confidencial.	2
Premios Esland	Los premios de *streaming* Esland son un evento anual que reconoce y premia a los mejores creadores de contenido de habla hispana en plataformas de *streaming* como Twitch, YouTube y Facebook Gaming. Los premios se otorgan en diferentes categorías, incluyendo Mejor *Streamer*, Mejor Jugador, Mejor *Influencer*, Mejor Equipo y más, y son elegidos por una combinación de votos del público y de un jurado especializado en la industria del *streaming*.	8
Protégeles	«Protégeles» es una organización de protección del menor que se centra en el uso de internet, la telefonía móvil y el ocio digital.	ninguno

Término	Significado	Capítulo/s
PUK	El PUK es un código de seguridad que se utiliza para desbloquear la tarjeta SIM en caso de que se haya introducido incorrectamente el PIN varias veces y se haya bloqueado la tarjeta. PUK es el acrónimo de «*Personal Unblocking Key*» o «Clave Personal de Desbloqueo».	2
Realidad aumentada	La realidad aumentada es una tecnología que permite superponer información digital, como imágenes, sonidos o vídeos sobre el mundo real a través de un dispositivo, como un teléfono móvil. Esto permite que el usuario pueda ver y experimentar una mezcla de elementos virtuales y reales en tiempo real. La realidad aumentada se utiliza en diferentes campos, como el entretenimiento, la publicidad, la educación, la salud o la arquitectura, entre otros.	8
Realidad virtual	La realidad virtual es una tecnología que permite crear una experiencia inmersiva en un mundo digital simulado, donde el usuario puede interactuar con objetos y ambientes generados por computadora, y sentir que está presente en un entorno diferente al real. Se utiliza a menudo en juegos, entrenamiento y simulaciones, entre otras aplicaciones.	8
RULER	El «método RULER» es un enfoque de gestión emocional desarrollado por el Centro de Inteligencia Emocional de la Universidad de Yale. Se basa en cinco habilidades clave: reconocimiento, comprensión, etiquetado, expresión y regulación de las emociones. El objetivo es ayudar a las personas a comprender y regular sus emociones de manera efectiva para mejorar su bienestar y relaciones interpersonales. Cada letra del acrónimo RULER representa una de estas habilidades.	5

Anexo I. Acrónimos, anglicismos y otros términos

Término	Significado	Capítulo/s
Sexting	El *sexting* o *sexteo* es un término que se refiere al envío de mensajes con contenido sexual, erótico o pornográfico por medio de teléfonos móviles u otros dispositivos.	3, 5
Sharenting	*Sharenting* es la práctica de los padres que publican contenido sensible sobre sus hijos en plataformas de internet. Se ha convertido en un fenómeno internacional.	3, 4, 5
SIM	SIM es el acrónimo de «*Subscriber Identity Module*» o módulo de identificación del usuario. La tarjeta SIM almacena la clave de servicio de los suscriptores o usuarios para poder identificarse en la red de manera única.	1, 2
SIM swapping	El *SIM swapping* es un tipo de fraude por el que un delincuente se hace con el control de la tarjeta SIM de otra persona. El delincuente habitualmente engaña al operador de telefonía móvil de la víctima para que transfiera el número de teléfono de este a una nueva tarjeta SIM que está en su poder. Así puede acceder a sus cuentas de redes sociales, correo electrónico, banca *online* y otros servicios que requieren autenticación por SMS.	2
SMS	El servicio de mensajes cortos (*Short Message Service*), más conocido como SMS, es un servicio disponible en los teléfonos móviles que permite el envío de mensajes cortos entre teléfonos móviles.	2
STEM	El término STEM es el acrónimo de los términos en inglés «*Science, Technology, Engineering and Mathematics*». Seymour Papert sentó las bases del STEM al construir uno de los primeros juguetes con programación incorporada, el LEGO-Logo.	1, 6, 9

Término	Significado	Capítulo/s
Streamer	Un *streamer* es una persona que comparte vídeos en vivo a través de internet. Esta persona se conecta a una plataforma de *streaming*, como YouTube o Twitch, y transmite en tiempo real lo que está haciendo o jugando en su ordenador o consola.	8
Tecnofilia, tecnoadicción	La tecnofilia o tecnoadicción es un término que se refiere al uso excesivo o compulsivo de la tecnología, como los dispositivos móviles, redes sociales o videojuegos, entre otros. Es una condición en la que la persona se siente dependiente de la tecnología y puede tener un impacto negativo en su bienestar emocional, social y físico.	4
Tecnofobia	La tecnofobia es un término que se utiliza para describir el miedo o aversión hacia la tecnología. Puede incluir el temor a los dispositivos electrónicos, la ansiedad por aprender nuevas habilidades tecnológicas o la preocupación por los efectos negativos de la tecnología en la sociedad y la vida diaria.	8
TFM	Acrónimo de «Trabajo de Fin de Máster».	9
TIC	Acrónimo de «Tecnologías de la Información y las Comunicaciones».	9
Tiktoker	Un *tiktoker* es una persona que crea y comparte vídeos cortos en la red social TikTok. Puede incluir diferentes tipos de contenido como música, baile, comedia o tutoriales, entre otros.	4, 6
TIMSS	El Estudio de las Tendencias en Matemáticas y Ciencias (del inglés *Trends in International Mathematics and Science Study*) es una evaluación internacional de conocimientos de matemáticas y ciencias de los estudiantes de los grados cuarto y octavo de todo el mundo.	9

Anexo I. Acrónimos, anglicismos y otros términos

Término	Significado	Capítulo/s
Unesco	La Organización de las Naciones Unidas para la Educación, la Ciencia y la Cultura, conocida abreviadamente como Unesco, es un organismo especializado de las Naciones Unidas en estas materias.	9
Vamping	*Vamping* es el término que se utiliza para describir el hábito de quedarse despierto hasta tarde usando dispositivos como teléfonos móviles, ordenadores, consolas o tabletas en lugar de dormir.	4
Wearable	Un *wearable* es un dispositivo tecnológico que se usa como una prenda de vestir o un accesorio, como un reloj inteligente, un brazalete de actividad física o unos auriculares inalámbricos. Se utilizan principalmente para monitorear y mejorar la salud y el bienestar del usuario, pero también en otros campos como la moda, el entretenimiento y la seguridad.	1, 8
Web3	Web3, también conocido como Web 3.0, es una idea para una nueva versión de la World Wide Web basada en tecnología *blockchain* y que incorpora conceptos como descentralización y economía de *tokens*.	8
Wifi	El wifi es la tecnología inalámbrica que permite la transmisión de información entre diferentes dispositivos o la conexión a la red de internet. Su nombre proviene de *Wireless Fidelity*.	1
World Wide Web (WWW)	La World Wide Web (WWW o la Web) o red informática mundial es un sistema que funciona a través de internet, por el cual se pueden transmitir diversos tipos de datos a través del Protocolo de Transferencia de Hipertextos (o HTTP), que no son otra cosa que los enlaces de la página web.	7

Término	Significado	Capítulo/s
Youtuber o *YouTuber*	Un *youtuber* es una persona que crea contenido audiovisual en YouTube. Algunos *youtubers* tienen patrocinadores que pagan por la exhibición de productos en sus vídeos. Entre los más famosos en España están El Rubius, VEGETTA777 o AuronPlay.	6, 8

Anexo II.
Páginas web y recursos online

Nombre	Descripción	Enlace	Capítulo/s
Be Internet Awesome	Es un programa de Google diseñado para enseñar a los niños a ser responsables *online*. Ofrece actividades y juegos interactivos que ayudan a los menores a desarrollar habilidades digitales esenciales.	https://beinternetawe some.withgoogle.com/ en_us/	ninguno
BeReal	BeReal es una red social francesa lanzada en 2020 que invita a los usuarios a mostrarse tal y como son. Mientras que Instagram y TikTok fomentan el uso de filtros de belleza, BeReal quiere que los usuarios muestren cómo son realmente.	https://bere.al/en	5

Nombre	Descripción	Enlace	Capítulo/s
Canva	Canva es un sitio web de *software* de diseño gráfico muy sencillo de usar por su formato de arrastrar y soltar. Se puede usar tanto para diseño web y gráficos como para impresión. Fue fundada en 2012 en Sídney (Australia) por Melanie Perkins.	https://www.canva.com/	7
ChatGPT	ChatGPT es un prototipo de *chatbot* de inteligencia artificial desarrollado en 2022 por la empresa OpenAI que se especializa en el diálogo.	https://openai.com/blog/chatgpt/	8, 9
Common Sense Media	Es una organización sin ánimo de lucro que proporciona reseñas y calificaciones de medios para niños y familias. También ofrece herramientas y recursos para ayudar a los padres a educar a niños digitales responsables.	https://www.commonsensemedia.org/	4
Cyberwise	Cyberwise es una organización sin ánimo de lucro que se centra en ayudar a los niños a navegar de manera segura y responsable. Ofrece recursos y herramientas para padres, educadores y niños, incluyendo vídeos educativos y guías de enseñanza.	https://www.cyberwise.org/	ninguno

Anexo II. Páginas web y recursos online

Nombre	Descripción	Enlace	Capítulo/s
Discord	Discord es un servicio de mensajería instantánea y chat de voz sobre IP (*internet protocol* o protocolo de internet).	https://discord.com/	5
Duo Mobile	Duo Mobile es una aplicación desarrollada por Cisco para proporcionar autenticación de dos factores (2FA) o de varios factores (MFA). La aplicación Duo Mobile genera códigos de acceso únicos que se utilizan con el nombre de usuario y la contraseña para verificar la identidad del usuario antes de acceder a un servicio *online*.	https://duo.com/	2
Facebook / Meta	La empresa denominada Facebook, y ahora rebautizada como Meta, es un conglomerado estadounidense de tecnología y redes sociales. Es también la empresa matriz de Instagram, WhatsApp y otras subsidiarias.	https://www.facebook.com/	3, 5, 6, 8

Nombre	Descripción	Enlace	Capítulo/s
Family Link	Es una aplicación móvil desarrollada por Google que permite a los padres supervisar y controlar el acceso de sus hijos a dispositivos Android, establecer restricciones, límites de tiempo y asegurarse de que los niños están navegando en un entorno seguro y adecuado para su edad.	https://families.google/intl/es_ALL/familylink/	6
Family Online Safety Institute	Es una organización sin fines de lucro que promueve la seguridad *online* y la responsabilidad digital. Ofrece recursos y herramientas para padres y educadores, como guías de seguridad *online* y tutoriales.	https://www.fosi.org/	ninguno
Flipboard	Flipboard es un agregador de noticias y una red social que permite guardar contenido social, noticias, fotografías y otras páginas web presentadas en formato de revista.	https://flipboard.com/	10

Anexo II. *Páginas web y recursos* online

Nombre	Descripción	Enlace	Capítulo/s
FLL de LEGO	La FLL (FIRST LEGO League) es una competición internacional de robótica para niños y jóvenes de edades comprendidas entre 9 y 16 años. El proyecto fue creado por la organización sin ánimo de lucro FIRST (*For Inspiration and Recognition of Science and Technology*) en colaboración con la empresa juguetera LEGO. El objetivo principal de la FIRST LEGO League es fomentar el interés de los jóvenes por las materias STEM («*Science, Technology, Engineering and Mathematics*»).	https://www.first legoleague.soy/	9
Gaptain	Gaptain es una iniciativa española en el marco de las EdTech, Impacto social y Ciberseguridad. Presta soluciones de responsabilidad y competencia digital para educar y acompañar a los menores en el ámbito digital.	https://gaptain.com/	5

Nombre	Descripción	Enlace	Capítulo/s
Genbeta	Genbeta es una publicación dedicada a seguir la actualidad del mundo del *software*, de internet y de los servicios web. Intenta que los lectores encuentren en ella una utilidad nueva o un truco diferente cada día.	https://www.genbeta.com/	10
GeoGebra	GeoGebra es un *software* libre de Matemáticas que cubre todas las áreas de las Matemáticas escolares.	https://www.geogebra.org/	9
Google Authenti-cator	Es un *software* basado en autenticación con contraseña de un solo uso desarrollado por Google. Ofrece un número de seis dígitos que el usuario debe proporcionar además de su nombre de usuario y contraseña para acceder a los servicios de Google.	https://play.google.com/store/apps/details?id=com.google.android.apps.authenticator2	2
Google Drive	Google Drive es un servicio de alojamiento y sincronización de archivos en la nube que permite a los usuarios almacenar, compartir y sincronizar archivos entre dispositivos.	https://drive.google.com/	7

Anexo II. *Páginas web y recursos* online

Nombre	Descripción	Enlace	Capítulo/s
Google Fact Check Tools	Es una herramienta de verificación de hechos creada por Google para ayudar a combatir la desinformación *online*. Se basa en algoritmos de aprendizaje automático y análisis de datos para identificar información engañosa o falsa.	https://toolbox.google.com/factcheck/explorer	6
Google Sites	Es una aplicación *online* gratuita ofrecida por Google como parte de la *suite* de productividad Google Workspace. Permite crear un sitio web o una intranet de una forma sumamente sencilla.	https://sites.google.com/	9
Grand Theft Auto (GTA)	Es un videojuego de acción y aventuras creado por la empresa Rockstar North. Los juegos se desarrollan en un mundo abierto, y los jugadores asumen el papel de un personaje que debe completar misiones para avanzar en la historia. Conocido por su violencia, contenido sexual y uso de lenguaje inapropiado, se ha enfrentado a controversias y críticas por estos temas.	https://www.rockstargames.com/es/gta-online	8

Nombre	Descripción	Enlace	Capítulo/s
GSMA Intelligence	La GSMA (*Global System for Mobile Communications Association*) es la asociación que reúne a operadores de telefonía móvil de todo el mundo y empresas relacionadas con el ecosistema móvil. GSMA Intelligence ofrece información analizada de dicha industria.	https://www.gsmainte lligence.com/	1
Have I Been Pwned (HIBP)	Es un sitio web que permite a los usuarios verificar si su información personal ha sido comprometida. Ofrece alertas de posibles violaciones de datos. Es una herramienta útil para ayudar a los usuarios a comprender mejor la seguridad de sus cuentas *online* y a tomar medidas para proteger su información personal.	https://haveibeenp wned.com/	2
iCloud	iCloud es el servicio de Apple que almacena en la nube las fotos, archivos, notas, contraseñas y otra información de los usuarios, y los mantiene actualizados en todos los dispositivos.	https://www.icloud. com/	2

Anexo II. Páginas web y recursos online

Nombre	Descripción	Enlace	Capítulo/s
Instituto Nacional de Ciberseguridad	El Instituto Nacional de Ciberseguridad (INCIBE) es un ente español que trabaja para mejorar la confianza digital, elevar la ciberseguridad y la resiliencia y contribuir al mercado digital impulsando el uso seguro del ciberespacio.	https://www.incibe.es/	ninguno
Instagram	Instagram es una red social principalmente visual donde los usuarios publican imágenes y vídeos de corta duración a los que pueden aplicarles efectos y también interactuar con las publicaciones de otras personas.	https://www.insta gram.com/	3, 4, 5, 6, 8
Internet Segura for Kids	Internet Segura for Kids (IS4K) es el Centro de Seguridad en Internet para menores. Tiene por objetivo la promoción del uso seguro y responsable de internet y las nuevas tecnologías entre los niños y adolescentes.	https://www.is4k.es/	ninguno
InVID Video	InVID es una plataforma de código abierto que ayuda al usuario a saber si el contenido de un vídeo es de confianza. También permite contactar con el autor para conseguir permiso para republicarlo y usarlo.	https://www.invid-project.eu/	6

Nombre	Descripción	Enlace	Capítulo/s
Kahoot!	Kahoot! es una plataforma gratuita que permite la creación de cuestionarios de evaluación. El profesor crea concursos en el aula para aprender o reforzar el aprendizaje. Consigue una experiencia gamificada, es decir, que se comporta como un juego, recompensando a quienes progresan en las respuestas con una mayor puntuación que los posiciona en lo más alto del *ranking*.	https://kahoot.com/	ninguno
Keeper	Keeper es una aplicación de administración y almacenamiento de contraseñas, que también permite guardar documentos confidenciales	https://www.keeper security.com/	2
LastPass	LastPass es un gestor de contraseñas seguro que almacena los nombres de usuario y contraseñas en un lugar seguro en la nube llamado «bóveda».	https://www.lastpass. com/	2

Anexo II. *Páginas web y recursos* online

Nombre	Descripción	Enlace	Capítulo/s
LEGO® WeDo	LEGO® WeDo es la propuesta de LEGO Education para menores que quieran iniciarse en la robótica. Permite construir doce modelos usando sensores simples y un motor que se conecta a un ordenador y programar comportamientos con una herramienta simple, fácil y divertida.	https://education.lego.com/es-es/	9
LinkedIn	LinkedIn es una red social perteneciente a Microsoft orientada al uso empresarial, a los negocios y al empleo. Cada usuario crea su propio perfil y muestra en él su experiencia laboral además de sus destrezas. LinkedIn pone en contacto a millones de personas, empresas y empleados.	https://www.LinkedIn.com/	3, 5, 7
Maldita	Maldita.es es un medio de comunicación español y fundación sin ánimo de lucro dedicado a la comprobación de la veracidad de noticias. Su finalidad es dotar a los ciudadanos de «herramientas para que no te la cuelen».	https://maldita.es/	6

Nombre	Descripción	Enlace	Capítulo/s
Media Smarts	MediaSmarts es una organización canadiense sin ánimo de lucro que se centra en programas y recursos de alfabetización digital y mediática. Para ello, promueve el pensamiento crítico a través de recursos educativos y analiza el contenido de varios tipos de medios de comunicación.	https://mediasmarts.ca/	ninguno
Microsoft Authenticator	Microsoft Authenticator es un servicio que empezó siendo un sistema de verificación en dos pasos, pero que ha ido evolucionando y ahora también ofrece gestión de contraseñas.	https://www.micro soft.com/es-es/security/ mobile-authenticator-app	2
Microsoft OneDrive	Microsoft OneDrive es un servicio de alojamiento de archivos en la nube.	https://www.micro soft.com/es-es/ microsoft-365/ onedrive/download	2
Minecraft	Minecraft es un videojuego de construcción de tipo «mundo abierto». Fue creado por Markus Persson, y posteriormente desarrollado por Mojang Studios.	https://www. minecraft.net/	7

Anexo II. Páginas web y recursos online

Nombre	Descripción	Enlace	Capítulo/s
Musical.ly	Musical.ly fue una red social basada en la creación y compartición de vídeos y transmisiones en directo. Fue adquirida por la empresa china ByteDance, también propietaria de la empresa TikTok, que fusionó esta red social con Musical.ly y mantuvo el nombre comercial de TikTok.	https://www.TikTok.com/	6
Newtral	Newtral.es es una plataforma española de verificación de noticias fundada por la periodista Ana Pastor en 2018. La plataforma tiene como objetivo principal la lucha contra la desinformación y el fomento de un periodismo riguroso y transparente.	https://www.newtral.es/	6
NordPass	NordPass es un administrador de contraseñas cuyo objetivo es ayudar a los usuarios a organizar sus contraseñas y notas, manteniéndolas en un solo lugar en la nube llamado «bóveda» en el que las contraseñas permanecen encriptadas.	https://nordpass.com/	6

Conectados y empoderados

Nombre	Descripción	Enlace	Capítulo/s
Oficina de Seguridad del Internauta	La Oficina de Seguridad del Internauta (OSI) es una iniciativa del Instituto Nacional de Ciberseguridad (INCIBE) que tiene como objetivo proporcionar información y recursos para proteger la seguridad *online* de los usuarios en España.	https://www.osi.es/	2, 6
Pantallas-Amigas	PantallasAmigas es una asociación que se centra en la promoción del uso seguro y saludable de internet y las TIC, así como en el fomento de la ciudadanía digital responsable en los niños y adolescentes.	https://www.pantallas amigas.net/	ninguno
Password.es	Es un generador de contraseñas seguras *online*.	https://password.com/	2
Pocket	Pocket, conocido anteriormente como Read It Later, es una aplicación informática y un servicio web que permite al usuario administrar listas de lectura obtenidas desde internet.	https://getpocket.com/	10
Quizgecko	Quizgecko es una herramienta gratuita basada en la inteligencia artificial que sirve para generar cuestionarios.	https://quizgecko.com/	9

Anexo II. Páginas web y recursos online

Nombre	Descripción	Enlace	Capítulo/s
Reddit	Reddit es una web de marcadores sociales y un agregador de noticias donde los usuarios pueden compartir textos, imágenes, vídeos o enlaces. Se puede votar a favor o en contra del contenido, haciendo que el más votado aparezca como publicación destacada.	https://www.reddit.com/	8
Scratch	Scratch es un programa informático desarrollado por MIT Media Lab. que permite el desarrollo de habilidades mediante el aprendizaje de la programación informática sin tener conocimientos profundos sobre el código.	https://scratch.mit.edu/	9
Snapchat	Snapchat es una red social visual donde los usuarios pueden compartir fotos y vídeos de una única visualización.	https://www.snapchat.com	5, 6
Snopes	Snopes es una web para la validación o invalidación de rumores de internet, bulos, cadenas de mensajes y otras historias de procedencia incierta.	https://www.snopes.com/	6

Nombre	Descripción	Enlace	Capítulo/s
Socratic	Socratic es una aplicación móvil educativa, disponible para iOS y Android, que utiliza la inteligencia artificial para ayudar a los estudiantes a realizar sus tareas y deberes.	https://socratic.org/	9
Statista	Statista GmbH es un portal de estadística *online* alemán que pone al alcance de los usuarios datos relevantes que proceden de estudios de mercado y de opinión, así como indicadores económicos y estadísticas oficiales en alemán, inglés, español y francés.	https://www.statista.com	1, 5
TikTok	TikTok, creada por la firma china de tecnología ByteDance, es una red social que permite grabar, editar y compartir vídeos cortos. El nombre original de la aplicación es Douyin, que en chino significa «sacudir la música».	https://www.TikTok.com/	3, 4, 5, 6, 8
TinEye	TinEye, de origen canadiense, es un motor de búsqueda de imágenes inversas. Utiliza tecnología de identificación de imágenes en lugar de palabras clave o metadatos.	https://tineye.com/	6

Anexo II. Páginas web y recursos online

Nombre	Descripción	Enlace	Capítulo/s
Tome	Con Tome, en lugar de empezar una narración desde cero, basta con escribir un mensaje de partida y repetir e insistir hasta que la historia sea suficientemente buena. Se utiliza para crear narraciones o lo que se conoce como *storytelling*, no solo en educación, sino también en ventas, nuevos negocios, productos y diseños o formación.	https://beta.tome.app/tomeforedu/	9
Trello	Trello es un *software* de administración y organización de proyectos y tareas con interfaz web y con cliente para iOS y Android.	https://trello.com/es/tour	7
Twitch	Twitch es una plataforma estadounidense perteneciente a Amazon que permite realizar transmisiones en vivo. Tiene como función principal la retransmisión de videojuegos en directo, un campo en el que compite con YouTube.	https://www.twitch.tv/	8
WhatsApp	WhatsApp es una aplicación de mensajería instantánea para *smartphones* propiedad de Meta (Facebook).	https://www.whatsapp.com/	5, 6

Conectados y empoderados

Nombre	Descripción	Enlace	Capítulo/s
X (Twitter)	Twitter es una red social de *microblogging*. Permite compartir mensajes cortos o *tweets* (tuits), que pueden contener fotos, vídeos, enlaces y texto.	https://twitter.com/	3, 5, 6, 8
Xataka	Xataka es una web para personas interesadas en la tecnología. Cuenta la actualidad tecnológica y los principales lanzamientos y novedades de productos informáticos.	https://www.xataka.com/	10
YouTube	YouTube es un sitio web estadounidense dedicado a compartir vídeos que fue adquirido por Google en 2006.	https://www.YouTube.com/	2, 3, 4, 5, 6, 8, 9

Agradecimientos

En primer lugar, mi gratitud infinita a mi familia, por su amor incondicional, paciencia y apoyo constante. Son el faro que ilumina mi camino y la inspiración detrás de cada palabra escrita en este libro. Agradezco profundamente a mis amigas Raquel y Andrea, y al resto de compañeras del Observatorio de Educación URJC, porque junto a ellas he aprendido gran parte de lo que sé sobre educación. Cada conversación, cada debate, ha sido un ladrillo más en la construcción de este sueño.

A los lectores, y a la comunidad educativa, por abrir su mente y corazón a estas páginas. Este libro es también suyo, un diálogo entre nosotros sobre cómo navegar juntos este nuevo mundo digital, aprendiendo, enseñando y, sobre todo, conectando.

Finalmente, pero no menos importante, mi agradecimiento a todos aquellos que, directa o indirectamente, han contribuido a este proyecto. Desde el equipo editorial hasta cada persona que ha compartido su historia o experiencia, todos han sido piezas clave en este viaje.

Su opinión es importante.
En futuras ediciones, estaremos encantados
de recoger sus comentarios sobre este libro.

Por favor, háganoslos llegar a través de nuestra web:

www.plataformaeditorial.com

Para adquirir nuestros títulos,
consulte con su librero habitual.

«I cannot live without books».
«No puedo vivir sin libros».
Thomas Jefferson

Desde 2013, Plataforma Editorial planta un árbol
por cada título publicado.

Tanto si quieres que tus hijos vuelvan a apasionarse
por los libros, como si buscas que adquieran el hábito lector
que nunca han tenido, este libro te ayudará a comprender
el problema y a ponerle remedio para que se conviertan
en adultos lectores y se beneficien de todas las ventajas
que la lectura trae a nuestras vidas.

ADOLESCENCIAS
REALES
DESDE
DENTRO

Alejandro Rodrigo
autor de
Cómo prevenir conflictos con adolescentes

Plataforma
Actual

Adolescencias reales analizadas
por un experto que te ayudarán a comprender
los riesgos y fortalezas de esta etapa

Alejandro Rodrigo relata diversas historias que hablan
de incomprensión entre padres e hijos, de niños adoptados,
de adolescentes difíciles, de adicciones a las drogas o al alcohol,
de malos tratos, de desencuentros y silencios, de culpas
y perdón... Historias que nos susurrarán al oído el secreto
de la felicidad en familia.